思想政治教育实践研究
—— 新探索丛书 ——

主编◎杨晓慧　刘志

公费师范生就业政策执行研究

以一所部属师范大学六年毕业生追踪为例

商应美◎著

中国人民大学出版社
·北京·

总　序

　　问题是时代的呼声与口号，理论是在思想中把握到的时代，真见以问题为基础和前提。马克思说："问题是时代的格言，是表现时代自己内心状态的**最实际的**呼声。"① 中国特色社会主义进入新时代，这是我们当前所处的历史方位，也是思想政治教育学科发展的基本场域。新时代提出新课题，新课题引发新思考，新思考呼唤新作为。思想政治教育学科的建设与发展，只有科学把握时代问题，关注时代变化，才能在培养中国特色社会主义事业建设者和接班人的过程中彰显其独特价值。

　　人类究竟应当确立什么样的生存方式，从而正确地面对自然、社会和人类自身，不仅仅是思想政治教育学科发展面临和回答的基本问题，也是整个人文社会科学应当优先解释与科学解决的重要课题之一。思想政治教育是对人进行思想理论教育和价值引领的重要学科，如何引领人们正确看待人类社会发展中面临的各种问题与挑战，在一定意义上构成了思想政治教育学科发展的时代之问。思想政治教育不只是一门理论学科，更是一门实践学科，具有明确的应用指向。思想政治教育不是"书斋里的学问"，而是面向生活、面向实践的，其学科发展必然依时代发展与实践推进而变化。离开了现实生活与社会实践，思想政治教育学科就是无源之水、无本之木。

　　回顾历史，从思想政治教育发展历史来看，高度重视思想政治教育的实

_____

① 马克思，恩格斯．马克思恩格斯全集：第 1 卷．2 版．北京：人民出版社，1995：203．

践创新，推进思想政治教育规律的探索与应用，全面提高思想政治教育的针对性和实效性，是思想政治教育改革发展的思想主题和历史主线。思想政治教育学科自诞生以来，一直发挥着"解释世界"与"改变世界"的基本功能。如果说"解释世界"主要在学科体系的构建中阐释其学科功能的话，那么，人才培养则是其"改变世界"功能发挥的主体依托。在学科发展过程中，其生成逻辑逐渐由思想政治教育"是什么""为什么""怎么办"的传统学术解释逻辑向"时代需要什么样的思想政治教育""思想政治教育如何回应时代需要""思想政治教育能为培养人做什么"的生活实践逻辑转化。思想政治教育需要在"解释世界"与"改变世界"的过程中，不断更好地服务于培养德智体美劳全面发展的社会主义建设者和接班人这一学科建设与发展目的。

立足当下，新时代思想政治教育的创新发展理应放在当今世界百年未有之大变局、党和国家事业发展全局中来看待，从坚持和发展中国特色社会主义、建设社会主义现代化强国、实现中华民族伟大复兴的高度来对待。"四个正确认识"的新方向，"遵循思政工作规律、教书育人规律、学生成长规律"的新指向，"因事而化、因时而进、因势而新"的新取向，"围绕学生、关照学生、服务学生"的新导向，为我们划定了新时代思想政治教育的主攻方向和实践方略。在此基础上，思想政治教育应在深化理解思想政治教育学科本质的同时，直面时代问题，明确应用导向，充分发挥思想政治教育的价值和功能，夯实思想政治教育实践研究的现实根基，在顺应新形势、解决新问题中不断焕发新的生命力。

思想政治教育实践研究一直是东北师范大学思想政治教育研究中心的重点研究方向与优势领域。多年来，我们始终聚焦思想政治教育应用研究和比较研究，积极进行学术探索。应用研究旨在破解高校思想政治工作和学生成长中面临的实践难题，把问题变成课题，把经验上升为理论，把成果转化为成效；比较研究旨在通过跨文化德育比较，探索构建比较思想政治教育的理论体系与研究范式，推动思想政治教育由本土走向世界。应用研究与比较研究相互支撑、相辅相成，通过揭示不同国家思想政治教育差异性特质与普遍性规律，创建兼具中国风格与世界视野的思想政治教育实践理论，服务于当代思想政治教育的创新发展。

在已有系列成果基础上，聚焦思想政治教育应用研究和比较研究两大领域，东北师范大学思想政治教育研究中心与中国人民大学出版社、商务印书馆签订系列出版协议，全面启动"思想政治教育实践研究新探索丛书""中外价值观教育前沿论丛"共计20余部著作的系统创作。丛书瞄准新时代思想政治教育研究的当代转向，聚焦前沿论域，关注重大现实，打通关键环节，紧紧围绕思想政治教育工作中的实际问题、重点任务、瓶颈难题等开展论述，对当前思想政治教育存在的一些前瞻性、根本性问题做出积极探索，有助于我们从更深层次思考新时代思想政治教育理论研究的新突破和实践创新的新发展。

"思想政治教育实践研究新探索丛书"抛砖引玉，希望可以引起读者对思想政治教育学科理论与实践更多的关注与思考。恳请各位同人与读者批评指正。

杨晓慧

2020 年 6 月 1 日

前　言

公费师范教育政策的回归是一种强制性政策制度变迁，有其回归合理性（解决中西部地区教师数量不足和质量不高等问题），但这种自上而下的主动设计与制度安排，在具体落实执行过程中难免会存在一些现实问题需要解决。这就在客观上决定了对该政策落实的现状、问题与改进等内容进行研究的必要性与重要性，以期最优化与最大化地实现其政策回归的预期目标。其中，师范毕业生就业机制是师范教育与社会的结合点，它既影响师范教育的正常运行，又影响社会对人才的合理使用与人才的自由发展。而公费师范生就业政策正是师范生公费教育政策的重要组成部分，分为国家政策与地方政策两部分。特别是我国 2007 年下发的《教育部直属师范大学师范生免费教育实施办法（试行）》，对免费师范生就业工作做了基本界定。2010 年下发的《教育部直属师范大学免费师范毕业生就业实施办法》，对免费师范生就业工作做了进一步规范。在 2018 年 3 月之前，这两个纲领性文件与各省制订的配套实施细则共同构成了当时免费师范生的就业政策文件。而对公费师范生就业现状、政策执行、认同情况等内容进行调查分析与系统研究，是了解其政策实施与调整的基础。

具体地说，自 2007 年 5 月国务院决定在教育部六所直属师范大学实行师范生公费教育起，已有十余年。截至 2020 年 7 月，六所部属师范大学已有十届公费师范毕业生，其中九届毕业生已相继进入教育硕士学习阶段。这些学生大多数扎根在我国基础教育战线上，贡献着青春与智慧，受到社会各界的广泛关注，获得了良好的社会反响。可以说，公费师范生政策特别是其就业政策已取得了阶段性成效，但这些学生在就业现状与政策执行情况上也逐渐显现出一些现实问题，适时需要对相关政策及其执行状况进行反思与反馈、完善与修订。习近平总书记指出：调查研究是谋事之基、成事之道。没有调查，就没有发言权，更没有决策权。基于此，为切实贯彻党的十九大关于优先发展教育事业的要求及习近平总书记关于教师教育工作的指示，全面加强我国教师队伍建设，全面提升公费师范生教师队伍质量，课题组对东北师范大学自首届始的连续六届公费师范毕业生的就业状况与政策执行情况进行了跟踪研究，在我国公费师范生政策实施十周年之际，形成了相关研究报告。报告包括研究现状基础分析、就业政策执行现状、政策执行特点分析、政策执行现存问题、政策执行问题审思、现实问题解决对策六部分内容。课题组以此研究报告为基础，结合新时代的教师队伍建设要求，撰写形成本书，以期为我国高等师范教育人才培养质量的提升、公费师范生政策的修订完善，以及教育硕士的深入培养、教师队伍的建设等方面提供数据支撑与智库支持。

一、研究意义与研究目的

（一）研究意义

本书通过对公费师范生政策发展历程、大事记、实证调研以及相关就业研究等内容进行梳理、分析与述评，在理论层面一方面进一步完善、丰富、发展了中国师范教育与教师教育相关理论，为推动整个高校师范教育体系建设以及教师教育相关学科的发展奠定了理论基础；另一方面以这些理论研究为基础，为我国师范院校的课程建设、政策的修订完善、教师队伍建设、职业生涯指导等都提供了有益的理论依据与智库支持。在这一意义上，体现出本书研究的理论意义与学术价值。但我们的研究在现实层面所体现的意义与价值则是我们撰写本书的重要立意，重点体现在三个方面。

1. 从微观层面看，研究此问题是政策内部完善发展的制度需要

自 2007 年始，国务院决定依托北京师范大学、华东师范大学、东北师范大学、华中师范大学、陕西师范大学、西南大学六所教育部直属师范大学实

施师范生公费教育试点。截至 2017 年，已累计招收公费师范生 10.1 万人，在校就读 3.1 万人，毕业履约 7 万人，其中 90％的公费师范生到中西部地区中小学任教，许多中西部地区中小学实现了接收北京师范大学、华东师范大学等高校毕业生"零的突破"。《教育部直属师范大学师范生免费教育实施办法（试行）》（2007 年）和《关于完善和推进师范生免费教育的意见》（2012年）两个政策性文件相继颁布。2017 年是政策执行十周年的关键节点，2018年，中共中央、国务院、教育部等部委发布了一系列关涉公费师范生政策的政策文件，具体包括中共中央、国务院公布的《关于全面深化新时代教师队伍建设改革的意见》（中发〔2018〕4 号）、教育部等五部委颁布的《教育部等五部门关于印发〈教师教育振兴行动计划（2018—2022 年）〉的通知》（教师〔2018〕2 号）、国务院办公厅颁布的《国务院办公厅关于转发教育部等部门教育部直属师范大学师范生公费教育实施办法的通知》（国办发〔2018〕75 号）、教育部办公厅颁布的《教育部办公厅关于做好 2019 届教育部直属师范大学公费师范毕业生就业工作的通知》（教师厅〔2018〕8 号）等。这一系列重要政策性文件的出台客观地要求公费师范生政策立足新时代、新形势、新要求、新使命重新审视与评估其执行的成效问题，并对其进行有针对性的修订与完善。同时，这也是其内部完善发展的制度需要。

2. 从中观层面看，研究此问题是教师队伍质量提升的体制需要

党和政府始终关心和重视教师工作与师范教育。2014 年教师节前夕，习近平总书记同北京师范大学师生代表座谈时说："百年大计，教育为本。教育大计，教师为本。努力培养造就一大批一流教师，不断提高教师队伍整体素质，是当前和今后一段时间我国教育事业发展的紧迫任务。"2018 年年初公布的《关于全面深化新时代教师队伍建设改革的意见》是新中国成立以来第一次以党中央的名义专门印发的加强教师队伍建设的文件。教育部聚焦教师队伍建设重点热点难点问题，谋划"启动一项振兴计划、实施一个引领工程、开展一项关键工作、完成一项底部攻坚、补上一个薄弱短板、开展一项创新行动、推动一项法律修订、建设一批平台基地、完善一套体制机制、出台一批配套政策、打造一支中坚力量"共 11 个"一"行动，确定了工作安排，明

确了推进路径。公费师范生作为我国师范教育人才培养和国家师资队伍建设的重要组成部分之一，特别是作为国家优质师资资源，在弥补中西部地区教师资源、提升教师队伍质量等方面发挥了重要作用。

3. 从宏观层面看，研究此问题是教育扶贫工程推进的战略需要

师范教育是教育事业的"工作母机"，是基础性和关键性工程。2015年10月16日，国家主席习近平在减贫与发展高层论坛上首次提出"五个一批"的脱贫措施，为打通脱贫"最后一公里"开出破题药方。随后，"五个一批"的脱贫措施被写入《中共中央、国务院关于打赢脱贫攻坚战的决定》，经中共中央政治局会议审议通过。其中"五个一批"之一就有"通过教育扶贫脱贫一批"，而公费师范生政策除为立志终身从教的学子提供平台外，还有效地帮扶了50%以上来自乡镇与乡村的大学生，帮助他们实现了大学梦。这些公费师范生经过精心培育后，有70%以上的学生又充实到我国中西部地区的基础教育事业，为这些地区提供了大批优质师资，发挥了阻断贫困代际传递的重要作用。这一重要作用的发挥，从根本上有效地解决了区域代际贫困问题，促进了国家教育公平的科学有效实现。

（二）研究目的

以上述三方面的现实立意为出发点，本书以一所部属师范大学六年公费师范毕业生就业状况与政策执行情况的追踪数据为依据进行了专项调查研究。通过搜集基层一线真实数据并对其展开深入研究，旨在实现三个研究目的：第一，为国家相关政策制度的深度完善提供智库支持与合理借鉴；第二，为部属师范大学解决"卓越教师培养模式以及有效性等制约教师队伍建设和质量提升的瓶颈性问题"提供现实依据与科学指导；第三，为各省制订、实施、推进师范生公费教育政策提供样例和示范。

二、研究思路与研究内容

本书按照总-分-总行文逻辑与研究思路，将内容分为三部分，前言为第一部分，第一到四章为第二部分，第五章为一部分，共11个小节。同时在最后还附有一些关涉著者和著作内容的材料，具体包括"我国公费师范生就业

政策大事记（2007—2020）""东北师范大学公费师范生就业与政策落实情况调查问卷"等。对这一系列内容的梳理，可以帮助研究者和读者对本书的框架结构有整体认知与深入了解。具体来说，作者通过采用历史挖掘法、文献分析法、调查研究法、人物访谈法等多种研究方法，以一所部属师范大学六年公费师范毕业生为调查对象，以公费师范生就业状况与政策执行情况为研究内容，对公费师范生政策发展脉络、就业政策执行情况、就业政策执行特点与现存问题、就业政策执行问题的破解举措、政策的战略价值与未来致思等内容进行了系统阐述与总结归纳。具体内容如下：

前言介绍了本书的整体内容，包括研究意义与研究目的、研究思路与研究内容、研究价值与研究创新、本书的编写四方面的内容，旨在从宏观层面让研究者和读者对本书的研究框架与研究内容有整体的认知与把握。

第一章到第四章为本书的分述部分。第一章为公费师范生政策发展脉络与就业研究回顾，分为两节，采用历史挖掘法与文献分析法，对公费师范生政策的发展历程与就业研究进行了综述与回顾，旨在从历史视角与研究视角对公费师范生政策及就业研究状况有基础性认知与理解。第一节主要包括公费师范生政策的缘起和发展历程两方面内容，旨在系统梳理中国师范生政策发展的历史脉络，帮助研究者和读者厘清其发展历程和关键事件；第二节主要从研究现状量化考察和研究现状质化分析两个方面对公费师范生就业及政策研究情况进行了分析，旨在全面梳理公费师范生就业与政策的研究现状，让研究者和读者对目前的研究状况有整体的认识。

第二章为公费师范生就业政策执行现状的实证分析，分为三小节，采用调查研究法、人物访谈法、归纳分析法，对一所部属师范大学六年公费师范毕业生的就业整体情况、政策执行情况进行量化考察与质化分析，并对相关分析结果进行了总结归纳与概括分析。具体来说，第一节主要以一所部属师范大学六年公费师范毕业生追踪数据为基础与依据，从公费师范生就业现状整体量化分析、公费师范生就业政策情况量化分析、公费师范生就业经验情况量化分析、公费师范生在职学习困境量化分析四方面切入进行梳理与阐述，旨在借助量化分析方法对当前公费师范生就业整体状况与就业政策执行情况有整体且客观的了解与把握。第二节主要以前期调研数据中的开放式问题及座谈内容为基础与依据，具体从公费师范生政策的建议，公费师范生培养过程中知识层面的建议，公费师范生培养过程中能力层面的建议，公费师范生在职攻读教育硕士期间对培养学校、用人单位、政府部门等的建设四方面切入进行归纳与阐述，旨在对前期量化考察分析结果做进一步的证实与补充，确保追踪调研结果更加真实、全面、客观。第三节主要以前期量化考察与质化分析结果为依据，具体从就业整体情况、工作具体情况、在职培养建议、质化分析情况四方面对当前公费师范生就业与政策执行情况的调研结果做一个整体与宏观的概括和阐析，便于研究者引用与读者学习。

第三章为公费师范生就业政策执行情况的成效分析，以前期一所部属师范大学六年公费师范毕业生追踪数据的分析结果为依据，分为两小节，采用归纳分析法、文献分析法等对公费师范生就业政策执行特点、现存问题及问题成因进行归纳与阐析。具体来说，第一节主要根据前期的跟踪调研以及座谈情况进行分析，并借鉴已有相关研究成果，梳理归纳出当前公费师范生政策实施十余年来，在其就业与政策执行上的四个整体特点：公费师范生就业状况良好，公费师范生培养与就业品牌已逐步确立；公费师范生政策执行总体效果良好，政策执行落实率维持较高水平；公费师范生对部分政策的认同度低，学生职后培养与教育工作有待跟进；公费师范生培养质量较高，但政策内部的调整与完善机制有待生成。第二节我们梳理出制约公费师范生发展的现实问题及其产生的原因。现实问题主要表现在以下四方面：一是政策落实过程体制机制不够完善，二是定向定时就业限制学生职业发展，三是继续深造用人单位认可支持不够，四是学生培养过程刚需保障考虑不足；问题产生的原因主要表现在以下四个方面：一是公费师范生职后职业发展困惑多，二是公费师范生研究生学历认同不够，三是公费师范生存在功利与短视观念，四是公费师范生提出的其他相关原因。

第四章为公费师范生就业政策执行问题的破解举措。依托前期调研数据结果，针对当前公费师范生就业政策执行现存问题及其原因，本章用两小节内容，采用归纳分析法、文献分析法等对公费师范生就业政策执行问题进行深刻审思并提出解决对策。具体来说，第一节主要针对公费师范生现存问题从各方主体角度进行深度审思。针对当前公费师范生就业与政策执行中的现存问题，政府、高校、用人单位、学生四方主体如何在顶层设计、系统实施、协同创新和累积发展上同向同行，不断地实现公费师范生工作的可持续发展是值得审思的。首先是政府层面。政府作为公费师范生政策制订、完善和督办主体，应重点加强公费师范生政策与配套制度的完善工作。其次是高校层面。高校作为就业政策实施的又一主体，即公费师范生培养主体，应重点为公费师范生未来成为优秀的人民教师、教育家做好职业理想信念教育引导，并为其筑牢知识与能力基础。再次是用人单位。用人单位作为公费师范生后续培养和发展主体，应重点为公费师范生后续培养与职业发展提供平台与保障。最后是学生。学生作为国家公费师范生政策的受益主体，在建设创新型国家的大背景下，应牢固树立岗位创业意识，通过个人在岗位上的创新性与创造性工作，在祖国的教育一线建功立业。第二节提出以下四方面的对策与建议：一是营造尊师重教的舆论氛围与价值导向，二是促进公费师范生就业政策的完善与调整，三是加强公费师范生培养的体制机制建设，四是优化公费师范生不同培养阶段的重点。期望通过推进、完善这些对策与建议，做好公费师范生的就业与培养工作，提升我国教师队伍的整体质量。

第五章为公费师范生政策的战略价值与未来致思，分为两小节，采用文献分析法、归纳分析法等对新时代公费师范生政策的战略价值和新时代公费师范生教育的未来致思进行了时代阐析。第一节重点从公费师范生适时促进了教育公平的深度实现、公费师范生政策适时成为教育扶贫的战略举措、公费师范生政策适时契合了立德树人根本任务要求三方面，结合新时代、新形势、新要求对当前公费师范生政策的战略价值适时地做了创新解析。第二节结合新时代、新形势、新要求，特别是最新政策内容，重点从坚持党的领导的高远站位全面提升公费师范生教育战略定位、公费师范生部分政策要求顶层设计有待协力配合与精准完善、加强公费师范生教育信息化建设助推国家教育现代化的实现、加强公费师范生的国际化教育助力教育命运共同体趋势发展四方面进行了未来发展展望，以期抛砖引玉，为新时代公费师范生教育发展提供参考与有益借鉴。

三、研究价值与研究创新

(一)学术价值与应用价值

(1)学术价值。本书通过对我国公费师范生政策发展历程与就业研究回顾等相关问题进行重点述评与深入研究,一方面进一步丰富、完善、发展了中国高校师范教育与教师教育相关理论,为推动整个高校师范教育体系建设以及教师教育相关学科的发展奠定理论基础;另一方面以这些理论研究为依托,为师范院校教师队伍建设、大学生就业指导、学校就业创业课程建设以及相关学者与政府决策提供了有益的理论参考与智库支持。在这一点上,彰显出本书的理论价值与学术价值。

(2)应用价值。本书是立足部属师范大学公费师范生培养以及再教育的现实实践,以公费师范生为研究对象,采取问卷调研的量化分析以及与政府、高校、用人单位、学生等主体的访谈、座谈内容的质化分析,以公费师范生就业现实状况与政策执行情况为研究内容而开展的纵向实证研究,该研究既直面了当前师范教育与教师教育领域中的实践问题,又集中破解了教师教育培养中的现实问题,即本书可为师范院校卓越教师的素质结构、卓越教师的发展轨迹及其影响因素、卓越教师的培养模式、教师教育的有效性等教师队伍建设问题研究提供切实有效的数据支撑与应对建议。特别是本书的调研数据为政府科学决策与政策修订、高校特别是师范类院校教师教育人才培养及质量提升提供了有益借鉴与智库支持。在这些方面彰显了本书的现实意义与应用价值。

此外,本书立足新时代、新形势、新要求,还从高校立德树人人才培养、教育公平深度实现、教育扶贫代际传承等视角对公费师范生政策做了尝试性阐析,在这一层面,又赋予了此项政策新的时代内涵与价值意蕴。这也进一步彰显了本书重要的学术价值与应用价值。

(二)创新之处与不足之处

本书的创新之处体现在两方面:一是在研究内容上,一方面丰富和完善了中国高等师范院校师范生教育的理论与实践；另一方面为国家公费师范生政策的完善、教育一线卓越教师培养、高校就业创业课程建设等方面提供了智库支持与科学参考。二是在研究方法上，采用问卷调研和人物访谈两种方法相结合的方式对公费师范生就业现状与政策执行状况进行量化考察与质化分析，且我们研究团队进行了为期六年的追踪，搜集到了基础教育一线最直接、最真实的数据，确保了本书的研究所依据的基础素材的准确性与客观性。同时为避免唯数据性，在通过调研问卷搜集数据的基础上，我们还通过开放式问题和座谈访谈数据搜集对量化考察结果做进一步的主观核查，力争确保数据的信度与效度。

在推进研究的过程中，鉴于研究数据获取的困难，我们仅对实施公费师范生政策的六所部属师范大学中的一所学校进行了为期六年的追踪。另外，在调研结论分析中虽然进行了理论研究与实证调研，综合考量了客观量化调研结果与座谈内容质化分析结果，但也仅限于对数据的描述性分析。以上这两方面研究不足在研究结论的信度与效度上有待做进一步探究与验证。

四、本书的编写

本书的整个编写历时六年多，从前期准备到本书即将出版，历时近 9 年，其间团队成员几经变化，本书特别是其数据的搜集、整理与分析，得到了我的工作团队、研究团队和研究生们的全力支持与帮助，这是一本倾注了很多人辛勤汗水的书。

目　录

第一章

公费师范生政策发展脉络与就业研究回顾

第一节 公费师范生政策发展历程

2007年5月，国务院决定在教育部六所直属师范大学实行师范生公费教育，公费师范生政策的出台可以说是国家教育政策领域内的一项重大变革。这一政策的提出也引起了学者们对师范生公费教育的广泛关注，为此开辟出新的研究领域。比如在政策实施初期，喻本伐先生就对此问题展开了研究，他曾指出："这项政策并非创举，而是对历史传统的传承。"① 因此，这就要求我们从教育的源头——师范教育出发，探讨公费师范生政策的渊源和发展历程，进一步推动新时代公费师范生政策，打造具有中国特色的师范教育。

一、公费师范生政策的缘起

自公费师范生政策颁布以来，较多学者对其历史渊源进行了研究，但无论是对这一政策宏观上的整体研究还是对这一政策微观上的具体研究，学者们普遍达成了共识。他们认为，我国师范生教育始于1897年盛宣怀创办的南洋公学师范院。学者喻本伐指出："通常认定，西方师范教育制度的确立，以1795年创立的法国巴黎高等师范学校为标志；中国师范教育制度的肇端，则以1897年创立的上海南洋公学师范院为嚆矢。"② 学者曲铁华、樊涛在探讨清末免费高等师范教育制度特点时指出："1897年创建的南洋公学师范院是中国近代师范教育的开端，同时也是我国免费高等师范教育的滥觞。"③ 学者李海萍也指明："盛宣怀于1897年创办的南洋公学师范院是中国师范教育的起点，同时也开了师范生免费的先河。"④ 学者李华兴认

---

① ② 喻本伐. 中国师范教育免费传统的历史考察. 湖北大学学报（哲学社会科学版），2007（3）：43-45.

③ 曲铁华，樊涛. 清末免费高等师范教育制度特点探析. 河北师范大学学报（教育科学版），2009（3）：23-28.

④ 李海萍. 清末民国师范生免费教育政策的历史审视. 教育研究，2013（11）：135-142.

为："1897 年上海南洋公学设立的'师范院'是中国新式师范教育的开端；1898 年京师大学堂附设'师范斋'培养'教习之才'，开中国新式高等师范教育先河；1902 年张謇创办的通州师范学堂则是中国第一所中等师范学校。"① 根据既有学者的相关研究并通过查阅文献史料，我们认为中国师范教育滥觞于 1897 年南洋公学师范院，高等师范教育肇始于 1902 年京师大学堂开设的师范馆。我国当前实施的公费师范生政策即是对我国"师范生免费教育"的回归。

19 世纪末，清政府在甲午战争中战败，被迫同日本签订了《马关条约》，之后帝国主义开始掀起了瓜分中国的狂潮。另外，由于外国传教士在通商口岸及其势力范围内开设大量学校，广招国人弟子，并对其进行奴化教育，民族危机空前严重。在此背景下，中国爱国志士痛感国家时局之危急，发起救亡图存运动。许多有识之士提出了"教育救国"的思想，认为救国之本在于开办新学、培养人才。因此，在参照了欧美、日本等国家的先进经验后，盛宣怀于 1897 年创办了我国第一所师范教育机构——上海南洋公学师范院，开了中国师范教育之先河。

南洋公学创办后，拟定了《南洋公学章程》，这是公学最早的一份管理章程。根据这份章程，南洋公学分立四院，师范院（师范学堂）位列其中。南洋公学创立之初，仅开师范院，招生 40 人。师范院学生入学后，食宿杂费均由学校供给，每月还按层格（根据成绩划分，共五级）发给津贴。第一层格每月津贴膏火银六两，每进一层格加银一两，加到十两为止②。可以说，中国最早的师范生是享受公费教育，而且承袭了中国古代官学的"廪膳"和"膏火"制度，即对所有学生免收学杂费并发放津贴，以使学生免除学习的后顾之忧③。

---

① 李华兴. 民国教育史. 上海：上海教育出版社，1997：651.
② 《交通大学校史》编写组. 交通大学校史（1896—1949）. 上海：上海教育出版社，1986：24.
③ 喻本伐. 中国师范教育免费传统的历史考察. 湖北大学学报（哲学社会科学版），2007（3）：43—45.

二、公费师范生政策的发展历程

对于我国公费师范生政策的发展历程，有学者进行了相关研究。通过梳理学界已有的研究，我们了解到目前学者们对于公费师范生政策发展脉络的研究主要分为具体研究和整体研究。具体研究主要是对某一特定时期的公费师范教育政策变化进行梳理。如学者李海萍探讨了清末民国师范生公费教育政策的发展脉络并对其进行了历史审视，以进一步推进当前公费师范生政策。她以清末、北洋政府和南京国民政府时期三个阶段为时间节点，梳理了我国师范生公费教育政策的演变历程①。学者魏峰、张乐天对我国 1897—1949 年的师范生公费教育政策进行了历史性的考察②。学者胡娇则对我国 1902—1949 年的师范生公费制度进行了概述③。学者石静对民国时期的公费师范教育政策的衍变做了梳理，将民国时期的公费师范教育政策分为延续、中断和恢复三个阶段④。整体研究则主要是对每个时期的师范生公费教育政策进行整理。如学者吴晓蓉、姜运隆则将我国公费师范教育政策的发展划分为六个阶段⑤。学者曲铁华、袁媛考察了南洋公学师范院、清政府颁行的《癸卯学制》，以及北洋政府时期、南京国民政府时期、中华人民共和国成立至 2007年的师范生教育政策⑥。学者黄小莲则以新中国成立前和新中国成立后两个时期对我国师范生公费教育政策的变迁进行了阐述⑦。纵观学界已有研究，我们认为这些学者对我国师范生公费教育政策变化历程的不同划分，对今后研究

---

① 李海萍. 清末民国师范生免费教育政策的历史审视. 教育研究，2013（11）：135-142.

② 魏峰，张乐天. 师范教育免费政策的历史考察：1897—1949. 教育与经济，2007（4）：52-56.

③ 胡娇. 我国师范生免费制度考略（1902—1949 年）. 河北师范大学学报（教育科学版），2008（5）：55-61.

④ 石静. 民国时期免费师范教育的衍变. 南通大学学报（社会科学版），2015（4）：117-122.

⑤ 吴晓蓉，姜运隆. 我国免费师范教育政策的回顾与反思. 国家教育行政学院学报，2011（5）：41-45.

⑥ 曲铁华，袁媛. 我国师范生免费教育政策的百年历史考察. 社会科学战线，2010（1）：213-219.

⑦ 黄小莲. "师范生免费教育"政策的利益与风险. 全球教育展望，2009（10）：66-71.

都有一定的借鉴意义与参考价值。但是由于现阶段中国特色社会主义已经进入新时代，我国社会发展进入了新的历史方位。在新时代背景下，中华民族伟大复兴中国梦的实现更是离不开教育，教育发展的第一资源是教师，教师发展的根本在于师范教育①。因此，对中国传统师范教育进行历史回顾与审视就显得尤为重要，对师范生公费教育政策发展历程的再划分也更具有时代意义。

（一）清末：初步确立

我国公费师范生政策始创于 1897 年盛宣怀所创办的上海南洋公学师范院。在上海南洋公学师范院创办后，这一公费传统也历经了延续与确立。1902 年 8 月 15 日，清政府颁布《钦定学堂章程》，即《壬寅学制》。该章程规定京师大学堂及高等学堂均设师范馆，修业三年，培养中学教师；各省中学堂则设师范学堂，修业四年，培养小学教师。自此，京师大学堂开设的师范馆成为中国高等师范教育的起点。据史料记载，京师大学堂师范馆成立之初，学生免学费，学校为学生提供食宿，并发放寒暑季服装、靴子等，以及必要的补贴费用等。此外，医药费也由学校承担②。可见，我国师范生公费制度是对京师大学堂师范馆传统的延续。

1904 年 1 月，清政府颁行了《奏定学堂章程》，也称《癸卯学制》，并为此专门制定了《奏定初级师范学堂章程》和《奏定优级师范学堂章程》。自此，我国师范教育制度正式确立，这也就意味着我国师范生公费教育政策得以在全国贯彻执行。其中，《奏定初级师范学堂章程》对学费的规定为："初级师范学堂经费，当由各地筹款备用，师范学生无庸纳费。"③《奏定优级师范学堂章程》也规定："公共科技分类科学生在学费用，均以官费支给；惟加习科学生，其由分类科毕业生选取者，仍由官给费用；其不由分类科毕业选取

---

① 王兆璟，陆红燕. 论新时代精神指引下的师范教育. 西北师大学报（社会科学版），2018 (5)：70—78.

② 《北京师范大学校史》编写组. 北京师范大学校史（1902—1982）. 北京：北京师范大学出版社，1982：33.

③ 顾明远. 中国教育大系·历代教育制度考：下. 武汉：湖北教育出版社，1994：1953.

者，应令本生自备学费。"① 此外，对其他费用如膳宿费也有明确规定："师范学堂不收学费，惟考取入学时，每学生征收保证金银元十元，俟毕业后发还。""学生所用书籍、笔墨、纸张、石板及操衣、靴帽等件，由学堂代为购备，学生缴价具领。其能自行如式购办者听。""膳宿费就各地方食用贵贱及各学堂情形分别征收。师范学堂所有各费一律免收。"② 不仅如此，章程还对师范生毕业应尽的义务做了规定。《奏定初级师范学堂章程》规定："从事教员之义务年限，由官费毕业者本科生六年；由私费毕业者，本科生三年，简易科生二年。此年限内不准私自应聘他往并营谋他事。"③《奏定优级师范学堂章程》规定："优级师范学堂分类科毕业生，有效力本省及全国教育职事之义务，其义务年限暂定为六年。又此六年中之前两年，经学务大臣及本省督抚指派职事，不论何地何事均为当尽之义务，不得规避。"④ 由此可见，师范教育制度在我国确立之时，师范生公费教育政策也予以贯彻，并且师范生在享受公费的同时，毕业后也应承担相应的社会责任。

（二）民国：曲折发展

1911 年爆发的辛亥革命给中国封建专制制度以致命的一击，它推翻了清王朝的腐朽统治，结束了中国两千多年的封建君主专制制度。1912 年元月，中华民国成立。但由于民国政府在 1912—1949 年经历了多次政权更替和数次战乱，师范生公费教育政策也在这种政局动荡的背景下曲折前进。

1. 1912—1922 年：承袭清末

民国成立后的十年间，师范教育承袭了清末的师范生公费教育政策。1912 年 9 月，北洋政府教育部颁布了《师范教育令》。《师范教育令》规定："师范学校经费，以省经费支给之。高等师范学校经费，以国库支给之。""师范学校、高等师范学校学生免纳学费，并由本学校酌给校内必要费用。依

---

① 顾明远. 中国教育大系·历代教育制度考：下. 武汉：湖北教育出版社，1994：1948.
② 潘懋元，刘海峰. 中国近代教育史资料汇编：高等教育. 上海：上海教育出版社，1993：338.
③ 同①1941.
④ 同①.

前项规定，得收自费学生。"① 此后，根据该法令，教育部又制定了《师范学校规程》《高等师范学校规程》《女子高等师范学校规程》，对师范生的收费、服务义务等都做了具体规定。1912 年 12 月，教育部颁布的《师范学校规程》将师范生分为公费生、半费生和自费生三种："公费生免纳学费，并由本学校给以膳宿费及杂费。半费生由各地方得酌量情形，减给前项费额之半数"；"师范学校得收自费生，其人数、费额，由省行政长官核定之"②。1913 年 2 月颁布的《高等师范学校规程》将师范生分为公费生和自费生两种，并规定："公费生免纳学费，并由本学校给以膳费及杂费。前项费额，由校长预算呈请教育总长核定。自费生之人数及费额，由校长酌定，呈请教育总长认可。""专修科、选科生俱为自费，但专修科生亦得视特别情形给予公费。"③ 1919 年 3 月公布的《女子高等师范学校规程》将师范生分为公费生和自费生两种，并规定："公费生免纳学费，并由本校支给膳费及杂费。自费生应缴费额，由校长酌定，呈报教育总长。"④ 由此可见，民国初期，师范生公费教育政策承袭了清末的传统，对学生免除学费。另外，《师范学校规程》与《高等师范学校规程》都规定："学生因违背校规、性质不良不宜于教职、成绩过劣、身体较差等原因退学或任意告退者，在公费生应令偿还学费及给予各费，在自费生应令偿还学费，但得酌量情形免其一部，或全免之。"⑤

和清末师范生公费教育政策一样，《师范学校规程》对师范生毕业服务年限也做了具体规定："本科毕业生应在本省高等小学校及国民学校服务，其期限自受毕业证书之日起算：第一部公费生七年，半费生五年，自费生三年；第二部生二年。女子师范学校本科毕业生应行服务之期限：公费生五年，半费生四年，自费生三年；第二部生二年。在服务期限内，欲入高等师范学校更求深造者，省行政长官得允许之。在前项学校修业时，得暂缓其服务期限。

① 顾明远. 中国教育大系·历代教育制度考：下. 武汉：湖北教育出版社，1994：2365.
② 李海萍. 清末民国师范生免费教育政策的历史审视. 教育研究，2013（11）：135-142.
③ 同①2366.
④ 同①2374.
⑤ 中央教育科学研究所教育史研究室. 中华民国教育法规选编（1912—1949）. 南京：江苏教育出版社，1990：453.

如毕业时该校有应尽义务年限相当者，得免除本校之义务。"①《高等师范学校规程》规定："本科公费生之服务期限：自受毕业证书之日起，以六年为限；但经教育总长特别指定职务，及服务于边远之地者，得减至四年。专修科公费生之服务期，自受毕业证书之日起，以四年为限；但经教育总长特别指定职务，及服务于边远之地者，得减至三年。本科专修科之自费生，其服务期限视公费生减半。"②《女子高等师范学校规程》规定："本科公费生之服务期，自受毕业证书之日起，以四年为限；但经教育总长特别制定职务及服务于边远之地者，得减至三年。专修科公费生之服务期，自受毕业证书之日起，以三年为限；但经教育总长特别制定职务及服务于边远之地者，得减至二年。本科、专修科之自费生，其服务期限均为二年；但经教育总长许可，亦得减为一年。"③

2. 1922—1932 年：遭受摧折

在国内新文化运动以及国外各种教育改革潮涌入中国的背景下，我国师范教育也出现了新的变化。1922 年北洋政府颁布了《学制系统改革案》（《壬戌学制》），其中规定："高级中学分设普通、农、工、商、师范、家事等科。为补充初级中学损失不足，得设二年制师范专修科，附设于大学校教育科，或师范大学校，亦得设于师范学校或高级中学，收受师范学校及高中毕业生。"④

《壬戌学制》的制定受美国教育的影响，它给中国传统的"封闭式师范教育"以打击。该学制主张采用"开放式师范教育"体系，即不依靠师范学校培养教师，而是通过综合大学或专门学院附设的教育学院或教育系等，为具有一定专业知识技能的学生提供教育专业训练，再为合格者授予"教师资格凭证。"⑤ 自此，师范教育的独立地位逐渐丧失。比如在《壬戌学制》颁布后，除了北京高师变成了北京师范大学外，其余的 5 所高师都被改成综合性大学。

---

① 顾明远. 中国教育大系·历代教育制度考：下. 武汉：湖北教育出版社，1994：2372.

② 同①2366－2367.

③ 同①2374－2375.

④ 同①2201.

⑤ 刘捷，谢维和. 栅栏内外：中国高等师范教育百年省思. 北京：北京师范大学出版社，2002：99－100.

由于新学制没有制定专门的师范教育规程，也没有规定师范生的待遇和服务年限等，所以师范生公费教育政策事实上被取消。这一时期的师范教育遭受了严重的摧折，1922 年全国中等师范学校 385 所，在校学生 43 846 人，教职员 5 013 人。1925 年，学校减为 301 所，在校学生减为 37 992 人，教职员为 3 951 人。而到了 1928 年，学校数量更是减至 236 所，在校学生仅有 29 470 人，教职员 3 743 人①。可见，1922 年的《壬戌学制》改革使师资数量不断减少，不利于中国师范教育的发展。

3. 1932—1949 年：重新免费

由于《壬戌学制》的改革客观上摧残了我国的师范教育制度，使我国的基础教育质量下降，因此在南京国民政府成立后，要求恢复师范教育独立地位的呼声不断高涨。1929 年 4 月，《中华民国教育宗旨及其实施方针》第五条规定："师范教育……于可能范围内使其独立设置，并尽量发展乡村师范教育。"② 1932 年 12 月，国民党四届三中全会通过的《关于教育之决议案》重新正式确立了师范生公费教育政策。该决议案指出："师范学校应脱离中学而单独设立"，"现有之师范大学应力求整理与改善……以别于普通大学，且与师范学校等力谋联络"。该决议案还规定："师范学校与师范大学概不收学费，师范学校应由政府供给膳宿制服为原则"，"师范学校及师范大学学生毕业后由教育部或省教育厅市教育局制定地点派往服务，期满始给证书，使得自由应聘或升学，其有规避服务或服务不尽力者，取消资格，并追缴费用"③。此后，又相继颁布了《师范学校法》和《师范学校规程》。《师范学校法》规定："师范学校及其特别师范科、幼稚师范科，均不征收学费。"④ 可以看出，该法令的颁布恢复了师范生公费待遇。1933 年颁布的《师范学校规程》规定："师范学生一律免收学费，各省市应斟酌情形免收学生膳费之全部或一部分。师范学校不得征收图书及体育等任何费用，其学生用书、制服及一切工艺材料

---

① 刘英杰. 中国教育大事典：1840—1949. 杭州：浙江教育出版社，2001：735.
② 顾明远. 中国教育大系·历代教育制度考：下. 武汉：湖北教育出版社，1994：2167.
③ 多贺秋五郎. 近代中国教育史资料：民国编：下. 台北：文海出版社，1976：183.
④ 同②2376.

费，由学生自备或由学校发给，或由学校或所在地教育行政机关组织学生消费合作社廉价发售。如由学校代办时，应按实价向学生征收。师范学校学生无故退学或被开除学籍者，应追缴其学费，免膳费者追缴膳费。"① 这两项政策的颁布在法律上肯定了师范生公费教育制度。事实证明，师范独立设置和免费传统的恢复，使师范教育的发展重获勃勃生机。

我国师范院校真正恢复独立设置是在全民族抗战爆发之后。1938 年 4 月，国民党临时全国代表大会通过了《战时各级教育实施方案纲要》。该纲要的第三条为："对师资之训练，应特别重视而亟谋设施。各级学校教师之资格审查与学术进修之办法，应从速规定。为养成中等学校德智体三育所需之师资，并应参酌从前高等师范之旧制，而亟谋设置。"② 此后，教育部据此纲要，拟定了《战时各级教育实施方案》。随后一系列教育法令法规相继颁布，修正并完善了师范生公费教育政策。虽然日后不断扩大的战事和动荡的时局导致该政策未能得以有效实施，但这一政策一直延续到新中国成立前。

（三）新中国成立之后：调整完善

1949 年 10 月 1 日，中华人民共和国成立。新中国成立伊始，百废待兴。在政治制度发生根本变化后，随之而来的就是教育制度的变化。新中国成立初期，我国教育体制主要是仿照苏联教育模式。1978 年改革开放后，随着经济的不断发展，我国教育体制也逐渐由封闭走向开放。新中国成立至 20 世纪80 年代末，我国坚持师范生公费教育的思想。20 世纪 90 年代开始，国家加大对各产业的投资力度，由此导致高等教育投入捉襟见肘。再加上高校扩招，国家在此基础上对师范生公费教育政策进行了动态调整，开始招收自费考生。直到 2007 年，这一公费政策才得以再次回归。进入新时代，国家又对师范生公费教育政策进行适当完善。

新中国成立至 20 世纪 80 年代末，我国实行师范生公费教育。1956 年颁布《师范学校规程》。该规程规定师范学校一律享受人民助学金，同时规定师

----

① 中央教育科学研究所教育史研究室. 中华民国教育法规选编（1912—1949）. 南京：江苏教育出版社，1990：453.
② 顾明远. 中国教育大系·历代教育制度考：下. 武汉：湖北教育出版社，1994：2177.

范学校毕业生至少在教育行业服务三年①。改革开放之后，1986 年 7 月，国务院批转了《国家教委、财政部关于改革现行普通高等学校人民助学金制度的报告》，将人民助学金制改为奖学金制和贷款制，师范生开始享受"专业奖学金"。

20 世纪 90 年代至 2006 年，我国逐渐实行收费制度。1996 年 12 月，国家教委颁发了《高等学校收费管理暂行办法》，确立了"根据年生均教育培养成本的一定比例"收取学费的原则。此后，一些师范院校开始调整收费政策，从过去的全部免除杂费，调整为收取一部分费用②。1997 年，高校扩招后，大多数师范院校开始征收部分学费。2000 年 6 月 5 日，教育部、国家计委和财政部联合下发的《关于 2000 年高等学校招生收费工作若干意见的通知》指出，对享有国家专业奖学金的高等学校学生可收费，具体标准则由省、自治区、直辖市人民政府确定。这一条款，为高等师范院校在招生收费方面的改革提供了政策依据③。在此之后，师范生和非师范生开始并轨收费，师范生不再享受公费的待遇。

2007 年至今，我国实行公费师范生政策。2007 年，公费师范生政策的出台意味着师范生公费教育重回校园。2007 年 5 月 9 日，《教育部直属师范大学师范生免费教育实施办法（试行）》印发。该办法规定：从 2007 年秋季入学的新生起，教育部直属六所师范大学试行师范生免费教育，免费教育师范生在校学习期间免除学费，免缴住宿费，并补助生活费。承诺毕业后从事中小学教育十年以上。到城镇学校工作的免费师范毕业生，应先到农村义务教育学校任教服务二年。此后，国家又出台了一系列政策文件来保障公费师范生的就业工作。进入新时代后，我国教育的主要矛盾已经转化为人民群众要求享受高质量教育的迫切需求与当前我国优质教育资源供给短缺且发展不平衡不充分之间的矛盾。作为优质教育的核心要素，优质师资短缺以及配置不均衡等问题日益凸显④。在此背景下，国家更加重视师范教育的发展，因此对公

① 吴晓蓉，姜运隆. 我国免费师范教育政策的回顾与反思. 国家教育行政学院学报，2011（5）：41-45.

② 黄小莲. "师范生免费教育"政策的利益与风险. 全球教育展望，2009（10）：66-71.

③ 经济参考报. 师范生免费教育的"回归"之路. 京华时报，2007-03-06.

④ 钟秉林. 扎根中国大地 推进强师兴国. 中国高等教育，2018（Z1）：1.

费师范生的政策也进行了完善。2018 年 1 月 31 日，中共中央、国务院公布了《关于全面深化新时代教师队伍建设改革的意见》（中发〔2018〕4 号）。该意见提出，"完善教育部直属师范大学师范生公费教育政策，履约任教服务期调整为 6 年"。2018 年 2 月 11 日，教育部等五部门颁布了《教育部等五部门关于印发〈教师教育振兴行动计划（2018—2022 年）〉的通知》（教师〔2018〕2 号），该通知指出："改进完善教育部直属师范大学师范生免费教育政策，将'免费师范生'改称为'公费师范生'，履约任教服务期调整为 6 年。推进地方积极开展师范生公费教育工作。"此后，教育部又制定了公费师范生政策的实施办法，对公费师范生的就业、履约等内容做出了一系列具体规定。

三、新中国成立后我国师范生就业政策的演变历程

师范生就业政策作为师范生教育政策的一个重要内容，它的变迁与师范生教育政策的调整同步。我国师范生就业政策由计划经济时期的"统包统分"逐渐转变为社会主义市场经济时期的"自主择业"，大致可分为四个发展阶段。

（一）第一个阶段：新中国成立初期至 20 世纪 80 年代

新中国成立后，教育部于 1951 年、1953 年相继召开第一次全国初等教育及师范教育会议和第一次全国高等师范教育会议，并在此期间国家出台相关文件。特别是 1978 年 10 月，教育部颁布《关于加强和发展师范教育的意见》，要求各地建立师范教育网，积极扩大招生。这一时期，为保证将师范毕业生分配到"祖国最需要的地方去"，国家以命令规制、指示指导为主要形式，强调毕业生必须服务于社会主义教育事业。前述可见，此阶段就业政策目标注重师范毕业生数量增长，以应对师范院校不能满足普通教育师资需求的现状；就业政策执行强调强制性手段，师范毕业生全部按国家指令性计划统一分配工作，国家负责到底[①]。

---

① 姚佳胜，董红莲. 我国百年师范生就业政策的演进逻辑与理性选择. 当代教育论坛，2021（1）.

（二）第二个阶段：20 世纪 80 年代至 90 年代末

20 世纪 80 年代，随着我国经济体制的改革以及多种经济成分的出现和发展，我国的就业结构也呈现出多样化的格局。因此，国家对师范生就业政策也进行了相应的调整。从 1985 年开始，国家出台《中共中央关于教育体制改革的决定》等政策文件，实施"统包统分"和就业市场与师范生"双向选择"相结合的就业政策，即在国家的计划指导下，师范学校毕业生同用人单位进行供需见面的双向选择，但经"双向选择"未能落实就业岗位的，仍由国家统一分配。

（三）第三个阶段：20 世纪 90 年代至 2007 年以前

20 世纪 90 年代起，我国高等院校逐渐开始招收自费生，与之相配套的是师范生就业政策的变革。1992 年 12 月 8 日，国家教委颁布了《关于加快改革和积极发展普通高等教育的意见》。该意见指出，改革高等学校毕业生"包当干部"和由国家"统包统配"的就业制度，实行高等学校大多数毕业生自主择业的就业制度。这一文件的颁布使"自主择业"的就业政策开始初露端倪。1993 年颁布的《中国教育改革和发展纲要》对就业政策做了进一步说明："除对师范学科和某些艰苦行业、边远地区的毕业生，实行在一定范围内定向就业外，大部分毕业生实行在国家方针政策指导下，通过人才劳务市场，采取'自主择业'的就业办法。"1994 年，国务院发布了《关于〈中国教育改革和发展纲要〉的实施意见》。该实施意见提出："在人才市场、劳动力市场比较完善，全面实行缴费上学制度之后，除享受国家和单位专项或定向奖学金的学生按合同就业外，其余学生在国家政策指导下进入劳动力市场自主择业。"1997 年，我国开始实行师范生和非师范生"并轨"收费招生制度，以此为契机，对"自主择业"的就业政策也做了进一步的规定，因此，师范生完全依靠就业市场进行"自主择业"。

（四）第四个阶段：2007 年至今

2007 年，六所教育部直属师范大学开始实施公费师范生政策，即公费师范生入学前与学校和生源地教育行政部门签订协议，承诺毕业后从事中小学教育十年以上，到城镇学校工作的公费师范生，应先到农村义务教育学校任教服务两年。2018年，国家出台《关于全面深化新时代教师队伍建设改革的意见》和《教师教育振兴行动计划（2018—2022年）》。这两个政策性文件将"免费师范生"改称为"公费师范生"，履约任教服务期调整为六年。也就是说在这一时期，公费师范生与生源地教育行政部门是"双向选择"的定向就业关系，而普通师范生依然"自主择业"。

第二节　公费师范生就业研究回顾

为对公费师范生就业及其政策研究有基础性的认知，鉴于"师范生免费教育政策"在2018年调整为"师范生公费教育政策"，我们在对其进行研究回顾时，分别以公费师范生和免费师范生为研究主题词，以就业政策为研究内容，对相关研究进行了文献数量量化考察与文献内容质化分析。

一、研究现状量化考察

借助中国知网、中国国家图书馆、教育部网站等平台，我们从论文、专著、项目三个维度对公费师范生相关研究文献进行了量化考察，考察情况如下：首先是论文发表情况。学界关于"免费师范生"研究表现出两个特点：一是在1988—2020年出现了两个研究高峰，第一个高峰出现在2007年，即公费师范生政策颁布之年，第二个高峰出现在2011年，即首届公费师范生毕业时；二是自2011年始相关研究虽有逐年下降趋势，但自2014年始趋于平稳（见表1-1和图1-1）。其次是著作项目情况。近年来，学界关于"免费师范生"的著作及科研项目呈现出两个特点：一是相关研究的专著、项目数量少，即著作20本、项目8个；二是研究内容较为单一且深度广度不够，内容仅限于教师职业理想信念、师范生公费教育制度、个别直属师范大学理论与实践探索以及感悟反思等研究（见表1-2、表1-3、表1-4，1988—2017

年数据统计截至 2017 年 8 月，2017 年、2018 年、2019 年、2020 年数据截至 2020 年 9 月）。

表 1 - 1   1988—2020 年"免费师范生"研究文献数量统计表

年份	1988— 2006	2007	2008	2009	2010	2011	2012	2013	2014	2015	2016	2017	2018	2019	2020	合计
数量（篇）	12	868	526	373	513	690	522	457	335	423	452	179	207	206	74	5 837

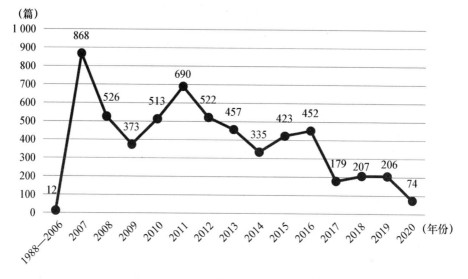

图 1 - 1   1988—2020 年"免费师范生"研究文献数量分布图

表 1 - 2   近年来中国国家图书馆资源库中包含"免费师范生"的研究著作统计表

序号	书名	出版/发行者	责任者	出版时间
1	我眼中的基础教育：免费师范生心语	东北师范大学出版社	东北师范大学党委学生工作部	2010 年
2	2011 年教育部直属师范大学湖南省生源免费师范毕业生供需见面会工作指南	湖南省教育厅教师工作与师范教育处	湖南省教育厅教师工作与师范教育处	2011 年
3	情系师缘知行合一：免费师范生赴中小学学习体验感悟集	陕西师范大学出版总社	吴保卫	2011 年

续表

序号	书名	出版/发行者	责任者	出版时间
4	师愿用心点亮：北京师范大学免费师范生职业理想教育文集	北京师范大学出版社	刘川生	2011 年
5	走向科研型教师之路：西南大学教育学部免费师范生论文集	西南师范大学出版社	易连云、王华敏	2011 年
6	师范生免费教育调查研究	中央文献出版社	亢犁、陈亮	2012 年
7	变革中的教师教育：华中师范大学免费师范生培养的理论与实践探索	华中师范大学出版社	马敏、王坤庆	2012 年
8	实践与反思：陕西师范大学首届免费师范生教育实习成果集	陕西师范大学出版总社	赵彬等	2013 年
9	思想政治理论课有效促进免费师范生职业理想信念形成研究	中西书局	宋进、王建新	2013 年
10	教师专业发展视域下的师范生免费教育	科学出版社	周琴等	2013 年
11	走向科研型教师之路：第二辑	重庆大学出版社	易连云、王华敏	2014 年
12	青春无悔　师者情怀	云南人民出版社	伊继东、刘宗立	2015 年
13	免费教育师范生职业理想教育研究	人民出版社	王华敏	2015 年
14	传统与超越：师范生免费教育制度的价值研究	中国海洋大学出版社	蒋馨岚	2015 年
15	立足讲台兼顾舞台：高等师范院校音乐教育专业免费师范生培养模式优化研究	西安交通大学出版社	张伶	2016 年

续表

序号	书名	出版/发行者	责任者	出版时间
16	免费师范生就业流向的影响因素及引导策略研究	中国社会科学出版社	蒋馨岚	2016 年
17	通往未来教育家之路	上海教育出版社	马爱民	2016 年
18	体育免费师范生教育模式创新研究	湖南师范大学出版社	罗小兵	2018 年
19	中等职业学校免费师范生培养改革实践	吉林大学出版社	吴玉红	2018 年
20	师范生免费教育政策评估研究	陕西师范大学出版总社有限公司	白贝迩	2018 年

表 1-3　近年来京东图书中包含"免费师范生"的研究著作统计表

序号	书名	出版/发行者	责任者	出版时间
※1	师愿用心点亮：北京师范大学免费师范生职业理想教育文选	北京师范大学出版社	刘川生	2011 年
※2	走向科研型教师之路：西南大学教育学院免费师范生论文集	西南大学出版社	易连云、王华敏	2011 年
※3	变革中的教师教育：华中师范大学免费师范生培养的理论与实践探索	华中师范大学出版社	马敏、王坤庆	2012 年
※4	教师专业发展视域下的师范生免费教育	科学出版社	周琴等	2013 年
※5	免费教育师范生职业理想教育研究	人民出版社	王华敏	2015 年
※6	传统与超越：师范生免费教育制度的价值研究	中国海洋大学出版社	蒋馨岚	2015 年
※7	免费师范生就业流向的影响因素及引导策略研究	中国社会科学出版社	蒋馨岚	2016 年

备注说明：表中带※的序号代表与表 1-2 中统计有相同著作，不计入总数。

表1-4　近年来关于"免费师范生"全国教育科学规划以及国家社会科学基金项目统计表

全国教育科学规划				
序号	项目名称	项目负责人	工作单位	立项时间
1	藏区国家师范生公费教育政策实施效果追踪与质量提升研究	白贝迩	青海师范大学	2019 年
2	部属师范大学免费师范生就业政策执行状况追踪研究	商应美	东北师范大学	2016 年
3	免费师范生教育信仰的现状、问题与对策研究	田友谊	华中师范大学	2012 年
4	免费师范生实习支教行动中的督导与研究—以西南农村地区农村中学语文实习为例	胡爱东	西南大学	2010 年
5	师范生免费教育政策下体育教师教育模式的创新与实证研究	罗小兵	华中师范大学	2010 年
6	免费师范生教育政策实施状况追踪研究	王智超	东北师范大学	2008 年
国家社会科学基金				
1	基于混合学习的免费师范生"4＋2"教育技能力培养创新研究	赵呈领	华中师范大学	2010 年
2	师范生免费教育政策的价值分析	周琴	西南大学	2008 年

　　量化考察结果表明：关于公费师范生的就业研究尚处于初步阶段（见表1-5、图1-2和表1-6、图1-3）。具体地说，近年来，学界对"免费师范生"群体的研究较少，对其就业与政策的研究更少；关于"免费师范生"及"免费师范生就业与政策"的研究缺少持续性，在2011年相关研究数量达到高峰；关于"免费师范生"及免费师范生"就业政策"的研究内容单一，研究层次不高，基本为学术期刊，重要学术会议和报刊等鲜有关照，著作与项目数量则更少，相关研究尚未形成热潮，研究的深度广度都有待进一步发展。

表1-5　2007—2020年以"免费师范生"并含"就业"为主题研究文献数量统计表

年份	2007	2008	2009	2010	2011	2012	2013	2014	2015	2016	2017	2018	2019	2020
数量（篇）	14	9	23	61	110	74	50	28	38	48	22	18	24	11

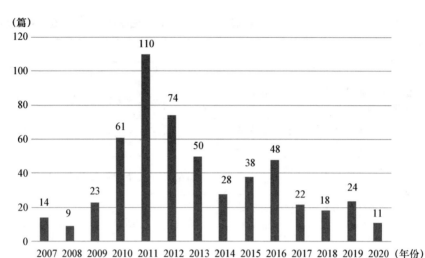

图1-2　2007—2020年以"免费师范生"并含"就业"为主题的研究文献数量分布趋势

表1-6　2007—2020年以"免费师范生"并含"就业政策"为主题的研究文献数量库别统计表

年份	2007	2008	2009	2010	2011	2012	2013	2014	2015	2016	2017	2018	2019	2020	合计
期刊论文库	0	0	3	2	14	12	2	7	1	2	1	1	0	1	46
硕士论文库	0	1	0	1	1	2	1	1	1	0	1	0	0	0	9
博士论文库	0	0	0	0	0	0	0	0	0	0	0	0	0	0	0
重要报纸库	1	0	0	0	3	1	0	0	0	0	0	0	0	0	5
重要会议库	0	0	0	0	0	0	0	0	0	0	0	0	0	0	0
特色期刊库	0	0	0	0	4	0	2	0	0	0	0	0	0	0	6
总计	1	1	3	3	22	15	5	8	2	2	2	1	0	1	66

二、研究现状质化分析

目前国内关于免费师范生的研究主要集中在免费师范生教师职业认同、师范生免费教育政策、免费师范生就业和师范生免费教育课程设置四个领域。从对四个研究领域战略地位的分析来看，前两个领域的研究是比较成熟且稳定的研究，处于研究网络中心地位，后两个领域的研究尚未形成稳定的研究结构，处于研究网络边缘地位，有待学者做进一步深入研究[1]。其中，由于公费师范生就业研究所涉问题较多，难以从一个限定角度讨论清楚，加之公费

---

① 王庭照，许琦，栗洪武，等. 我国师范生免费教育研究热点的领域构成与拓展趋势：基于CNKI学术期刊2007—2012年文献的共词可视化分析. 教育研究，2013（12）：102-109.

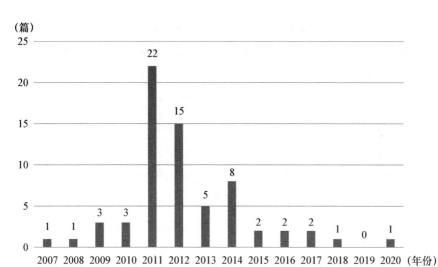

图 1-3　2007—2020 年以"免费师范生"并含"就业政策"为主题研究文献数量库别分布趋势

师范生政策实施时间相对较短,对该领域的研究还不够深入,还未成为师范生公费教育研究的核心内容。但通过对相关研究的分析发现,公费师范生就业研究往往与其相关政策研究密切相关。

在对在校公费师范生就业意愿进行的调查研究中发现以下几点:第一,从教意愿特别强烈的免费师范生比例较低;第二,任职地域和待遇期待较高,到农村从教的意愿较小;第三,职业发展期待与现实情况偏离,较多学生希望今后从事教育管理工作[①];第四,部分学生认为自己毕业后发展方向不明确,就业保障机制不确定[②]。对已就业公费师范生就业状况的调查研究发现:第一,就业率较高,违约率低,有跨省就业案例;第二,近 70% 的学生在市级及以上地区就业,近 30% 的学生选择在县级及以下学校就业[③];第三,公费师范生就业实际与就业预期存在差距,主要体现在就业学校的级别、类型

---

① 岳奎,王鹊. 免费师范生的就业冲突及其规避:基于一项关于免费师范生就业意向调查的分析. 教育研究与实践,2011(2):32-35.

② 范春婷. 加强免费师范生群体的思想政治教育探析. 西南农业大学学报(社会科学版),2010(5):257-259.

③ 商应美,王香丹,周冰,等. 首届免费师范生就业与政策执行现状及其对策研究:以一所部属师范大学首届免费师范生和用人单位调研为例. 国家教育行政学院学报,2014(6):72-78;陈思. 首届免费师范生就业情况调查研究:以华中师范大学某院为例. 咸宁学院学报,2012(1):79-81.

和收入三方面①。针对公费师范生就业工作中出现的各种问题，一些学者从完善优化就业政策②、加强公费师范生教育③、建立跟踪协同联动机制④等方面提出了一些培养建议与具体对策。

质化分析结果表明：近年来，学界对"免费师范生就业研究"的主要内容归纳为四方面：一是就业现状问题研究⑤。此类研究较多，多为调查实证类研究，且与就业政策、就业心理、对策建议等研究内容同时开展。二是就业政策多维研究。主要包括就业现状切入、就业政策障碍⑥、就业执行落实⑦、就业政策认同⑧、就业政策比较⑨、政策历史比较⑩、就业政策完善⑪等多维度多视角研究。三是就业影响因素研究。主要包括学生自身、家庭境遇、学校

① 高巍. 首届免费师范生就业状况及就业心理研究：基于某部属师范大学的调查. 国家教育行政学院学报，2012（6）：77-81.

② 刘海滨，王智超. 免费师范生就业中的政策障碍及对策思考. 国家教育行政学院学报，2011（5）：51-54.

③ 邓湖川. 关于免费师范生思想政治教育的若干思考. 思想政治教育研究，2010（5）：112-114.

④ 商应美，王香丹，周冰，等. 首届免费师范生就业与政策执行现状及其对策研究：以一所部属师范大学首届免费师范生和用人单位调研为例. 国家教育行政学院学报，2014（6）：72-78；岳奎，王鹃. 免费师范生的就业冲突及其规避：基于一项关于免费师范生就业意向调查的分析. 教育研究与实践，2011（2）：32-35.

⑤ 商应美，王香丹，周冰，等. 首届免费师范生就业与政策执行现状及其对策研究：以一所部属师范大学首届免费师范生和用人单位调研为例. 国家教育行政学院学报，2014（6）：72-78；付卫东，付义朝. 首届免费师范毕业生就业情况及其影响因素分析：基于全国6所部属师范大学的调查. 河北师范大学学报（教育科学版），2012（7）：54-59；冉思燕，王放，陈华江. 免费师范生就业政策分析. 重庆理工大学学报（社会科学），2014（10）：147-150.

⑥ 刘海滨，王智超. 免费师范生就业中的政策障碍及对策思考. 国家教育行政学院学报，2011（5）：112-114.

⑦ 同④.

⑧ 潘小春，芮敏，万静娴. 首届免费师范毕业生对就业政策态度的调查分析：以北京师范大学为例. 教育理论与实践，2012（23）：16-18.

⑨ 李新. 如何让免费师范生下基层就业：基于部属与地方师范院校免费师范生就业政策的比较分析. 南京晓庄学院学报，2013（5）：33-36.

⑩ 周琴，杨登苗. 传承与变革：师范生免费教育政策的历史分析与比较. 国家教育行政学院学报，2011（5）：46-50.

⑪ 潘小春. 首届免费师范生就业政策实施情况研究. 教育理论与实践，2014（1）：26-29.

教育、社会环境、国家政策等多方因素的影响与制约①。四是就业心理因素研究。研究发现，影响就业的心理因素包括就业政策限制、专业供求矛盾、就业求职竞争、自我认知预期等②。这些研究可重点归纳为三类：一是调查实证类研究。此类研究较多，主要以一所或多所部属师范大学调查为例，个别研究以部属和地方师范院校的比较进行研究。二是问题对策类研究。针对一些公费师范生就业现存的问题提出有针对性的对策举措。此类研究往往与调查实证类研究结合开展。三是基础理论类研究。一些学者从社会流动理论③、有限个人理性选择理论④、教师职业认同理论⑤、合同法⑥等视角考察公费师范生就业、政策等相关问题。

通过对公费师范生就业研究文献进行量化考察与质化分析，我们可知：当前关于公费师范生的就业研究仍处于初步阶段，研究内容狭窄，缺乏理论深度，重复研究较多，研究质量不高，缺乏国际视角，历史关照不足，整体研究呈现"四多四少"的特点，即"调查调研实证性研究多，基本基础理论性研究少；首届学生的就业研究多，多届学生的追踪研究少；单一视角主题性研究多，交叉视角主题性研究少；问题对策建议性研究多，战略价值体系性研究少"。

---

① 付卫东，付义朝. 首届免费师范毕业生就业影响因素实证研究：基于全国六所部属师范大学的调查. 复旦教育论坛，2012（2）：38–43；王开富. 免费师范生职业生涯规划的影响因素及对策研究. 重庆电子工程职业学院学报，2009（2）：132–134.

② 郭昌荣，詹定洪，刘臻. 免费师范生就业心理研究：以西南大学为例. 兰州教育学院学报，2012（5）：106–108.

③ 崔波. 免费师范生就业为何偏离政策初衷：基于社会流动的视角. 现代教育管理，2012（9）：36–39.

④ 岳奎，王鹍. 免费师范生的就业冲突及其规避：基于一项关于免费师范生就业意向调查的分析. 教育研究与实践，2011（2）：32–35.

⑤ 赵宏玉，齐婷婷，张晓辉，等. 免费师范生的教师职业认同：结构与特点实证研究. 教师教育研究，2011（6）：62–66.

⑥ 彭兴蓬，邓猛. 免费师范生的合同研究. 教师教育研究，2011（6）：45–49，44.

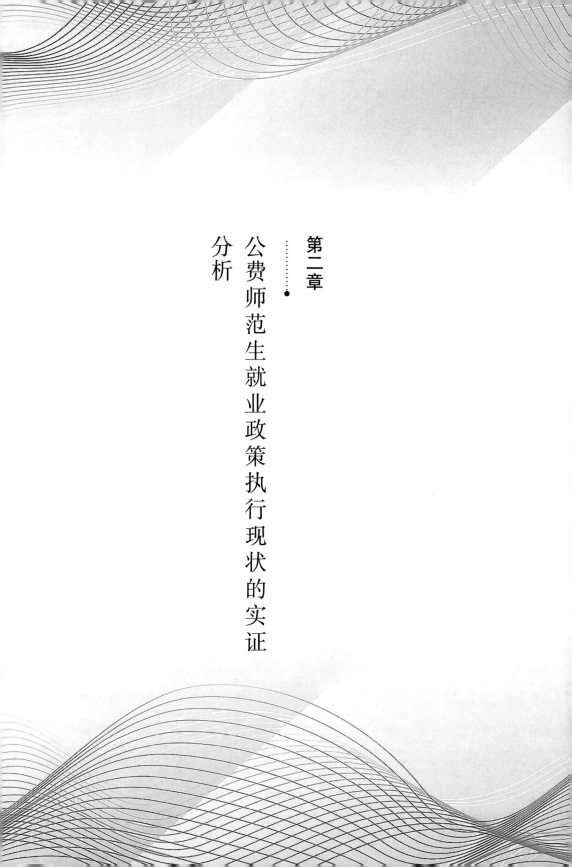

第二章

公费师范生就业政策执行现状的实证分析

　　为深入了解公费师范生就业与政策执行现状，我们对一所部属师范大学连续六届公费师范毕业生进行了跟踪调研与对比分析。调研采用问卷调研与座谈访谈相结合的方法，调研问卷内容主要是根据《教育部直属师范大学师范生免费教育实施办法（试行）》、《教育部直属师范大学免费师范毕业生就业实施办法》和《教育部直属师范大学免费师范毕业生在职攻读教育硕士专业学位实施办法（暂行）》三个公费师范生政策性文件确定。问卷调研环节包括四部分[①]：一是调研对象基本信息；二是公费师范生就业政策落实现状及其对部分就业政策的认知；三是公费师范生在就业单位工作情况，内容涉及具体工作现状、教育教学经验以及攻读教育硕士等情况；四是开放式问题，内容涉及在职攻读教育硕士等方面的建议对策等。问卷共计 41 题（见附录 2）。座谈访谈环节包括五部分：一是报考公费师范生初衷动机情况，二是工作后是否有使命感，三是公费师范政策落实与就业情况，四是对政府、学校和用人单位的建议，五是硕士学习阶段的困难与建议等（见附录 3）。

　　研究选取一所直属师范大学 2007 级、2008 级、2009 级、2010 级、2011 级、2012 级已就业的公费师范毕业生作为调研对象，该校 2007 年、2008 年、2009 年、2010 年、2011 年、2012 年分别招收公费师范生 1 524 名、1 610 名、1 583 名、1 309 名、1 207 名、1 099 名，其中分别有 1 143 名、1 334 名、1 372 名、1 228 名、1 192 名、854 名选择于 2013 年、2014 年、2015 年、2016 年、2017 年、2018 年回校集中攻读在职教育硕士，分别接受为期 25 天、14 天、14 天、14 天、14 天、14 天的集中课程学习与开题答辩。我们以院系为单位，分别抽取 2012 届、2013 届、2014 届、2015 届、2016 届、2017 届公费师范生 630 名、802 名、817 名、1 026 名、831 名和 1 099 名，分别回收问卷 598 份、795 份、683 份、979 份、720 份和 643 份，其中有效问卷分别为 540 份、776 份、636 份、956 份、713 份和 636 份，问卷有效率分别为 90.3％、97.6％、93.1％、97.7％、99％和 98.9％。同时，从每届回校学生中选取 30～40 名学生以座谈方式进行调研。调研数据采用 WPS Office 10.1.0.6660 工具软件进行整理与分析

---

　　① 商应美，王香丹，周冰，等. 首届免费师范生就业与政策执行现状及其对策研究：以一所部属师范大学首届免费师范生和用人单位调研为例. 国家教育行政学院学报，2014（6）：72-78.

统计。本部分主要从六届公费师范生基本情况、公费师范生工作具体情况、公费师范生就业整体情况、公费师范生政策执行情况、公费师范生政策认同情况、公费师范生职后规划情况、公费师范生就业经验情况、公费师范生在职学习困境、开放式问题及座谈调研内容质化分析等九个方面对公费师范生就业政策执行现状进行了分析，最后对公费师范生调研结果进行了整体归纳。

第一节　公费师范生就业与政策执行情况量化分析

本节主要以一所部属师范大学六年毕业生追踪数据为基础与依据，具体从公费师范生就业现状整体量化分析、公费师范生就业政策情况量化分析、公费师范生就业经验情况量化分析、公费师范生在职学习困境量化分析四方面切入进行梳理与阐述，旨在帮助研究者和读者对当前公费师范生就业整体状况与就业政策执行情况有整体且客观的了解与把握。

一、公费师范生就业现状整体量化分析

（一）六届公费师范生基本信息分析

1. 性别分布情况

数据显示：六届公费师范生中男生比例为 24%～38%，比例呈逐年下降趋势，降幅高达 14%，且后三年比例趋于平稳，保持在 24%；女生比例为 62%～76%，比例呈逐年上升趋势，升幅高达 14%，且后三年比例趋于平稳，保持在 76%。这一情况表明：该校公费师范生性别差异较大且差异程度逐年增大，六届差异区间为 24%～52%（见图 2-1）。此种情况主要与大学自身办学性质与特点密切相关，即文科类大学或师范类大学女生居多。

2. 专业分布情况

数据显示：六届公费师范生中文科生比例为 40%～50%，且比例呈逐年上升趋势，升幅高达 10%；理科生比例为 33%～42%；艺体生比例为 8%～24%（见图 2-2）。这一情况表明：该校公费师范生文理科和艺体专业都有开设，其中文科专业相对较多，且呈逐年增长的趋势，最高已达 50%。

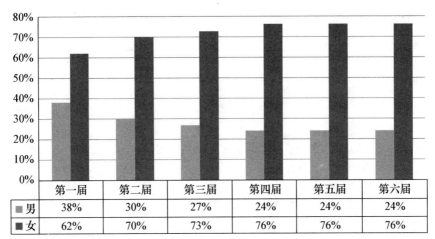

图 2-1　六届公费师范生性别分布情况

	第一届	第二届	第三届	第四届	第五届	第六届
■ 男	38%	30%	27%	24%	24%	24%
■ 女	62%	70%	73%	76%	76%	76%

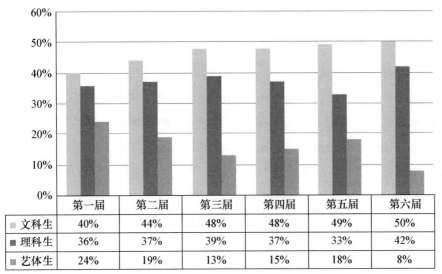

	第一届	第二届	第三届	第四届	第五届	第六届
■ 文科生	40%	44%	48%	48%	49%	50%
■ 理科生	36%	37%	39%	37%	33%	42%
■ 艺体生	24%	19%	13%	15%	18%	8%

图 2-2　六届公费师范生专业分布情况

3. 学生来源分布情况

数据显示：六届公费师范生生源是城市的比例为 37.8%～50%，且大致呈上升趋势，升幅高达 12.2%；师范生生源是乡镇的比例为 20%～24%；师范生生源是乡村的比例为 30%～38.5%，且大致呈下降趋势，降幅高达8.5%（见图 2-3）。这一情况表明：该校公费师范生生源在城市、乡镇、乡村都有分布，其中主要来自城市和乡村，比例在 76% 以上。

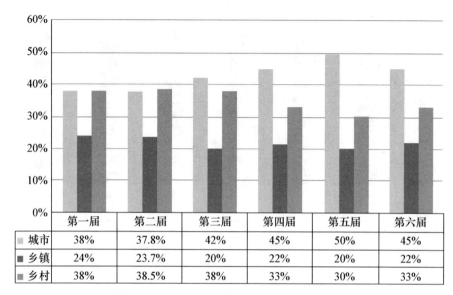

	第一届	第二届	第三届	第四届	第五届	第六届
▦ 城市	38%	37.8%	42%	45%	50%	45%
■ 乡镇	24%	23.7%	20%	22%	20%	22%
▤ 乡村	38%	38.5%	38%	33%	30%	33%

图2-3　六届公费师范生学生来源分布情况

4. 签约地域情况

数据显示：六届公费师范生签约地域在东部地区的比例为15%～28%，在中部地区的比例为42%～53%，在西部地区的比例为25%～36%。这一情况表明：该校公费师范生签约地域在中国东部、中部和西部都有分布，其中签约地域在中部地区居多，在50%左右；其次是西部地区，在30%左右（见图2-4）。这一情况与该校所处地域有着直接的关系，且该校为中西部地区的基础教育提供了大批的优质师资，提升了教师队伍的质量。

（二）六届公费师范生工作具体情况

1. 从事工作情况

数据显示：六届公费师范生在工作单位主要担负教学与管理双重任务，各届比例依次为96%、96.1%、99%、99%、98%和99%，仅有不到4%的学生从事管理工作（见图2-5）。这表明：公费师范生在工作单位基本都能胜任本职工作，大部分公费师范生负责一线教学与管理双重工作。

2. 任教科目与专业一致情况

数据显示：六届公费师范生任教科目与本科阶段所学专业一致情况，各

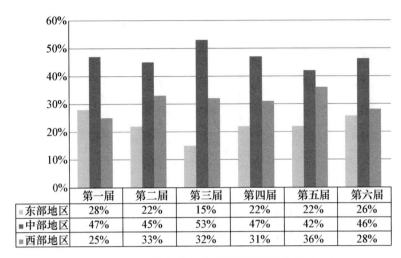

图 2 - 4　六届公费师范生签约地域分布情况

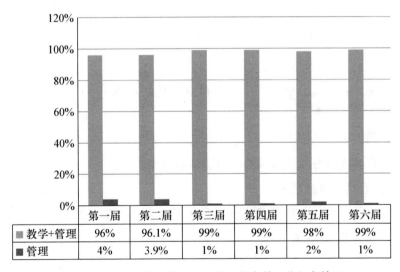

图 2 - 5　六届公费师范生工作单位担负的工作任务情况

届比例依次为 90%、86.5%、90%、94%、93% 和 95%，仅有 13.5% 以下的学生存在不一致情况（见图 2 - 6）。这表明：公费师范生任教科目与本科阶段所学专业一致率较高，达 86.5% 以上，最高达 95%，可以说大部分学生是学有所用、本专业任教。

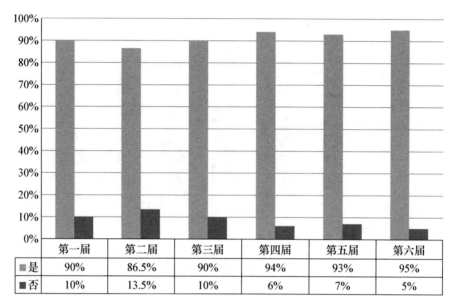

	第一届	第二届	第三届	第四届	第五届	第六届
▪是	90%	86.5%	90%	94%	93%	95%
▪否	10%	13.5%	10%	6%	7%	5%

图 2-6　六届公费师范生任教科目与本科专业一致情况

3. 任教科目门数情况

数据显示：六届公费师范生任教科目门数基本都是 1 门，各届比例依次为 95%、90.4%、91%、90%、89% 和 89%，仅有 11% 以下的学生任教科目门数在 2 门以上（见图 2-7）。与前面任教专业情况对比分析，我们可知：六届公费师范生大部分学生是学业专攻、学有所用。

4. 任教具体科目情况

数据显示：六届公费师范生任教具体科目基本覆盖各文理科目，但相比较而言，还是偏向语文、数学、英语和政治四个科目，比例基本在 6%～16%（见图 2-8）。这表明：公费师范生任教具体科目覆盖广泛全面，有助于他们在各自领域与各自岗位上贡献力量。

5. 一周任课节数

数据显示：六届公费师范生一周任课节数，从高到低依次为 15 节以上、11～15 节、6～10 节、1～5 节，其中各层次的比例区间依次为 21%～27%、38%～50%、24%～29%、4%～6%（见图 2-9）。这表明：六届公费师范生一周任课节数相对集中，主要在 11～15 节，课业任务较为适中合理。

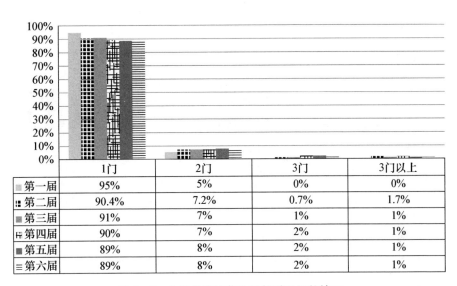

	1门	2门	3门	3门以上
第一届	95%	5%	0%	0%
第二届	90.4%	7.2%	0.7%	1.7%
第三届	91%	7%	1%	1%
第四届	90%	7%	2%	1%
第五届	89%	8%	2%	1%
第六届	89%	8%	2%	1%

图2-7 六届公费师范生任教科目门数情况

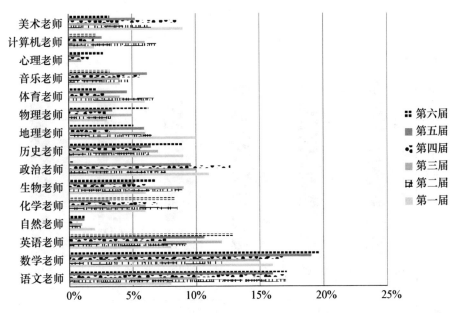

图2-8 六届公费师范生任教具体科目情况

6. 担任班主任情况

数据显示：六届公费师范生担任班主任情况，各届比例依次为36%、

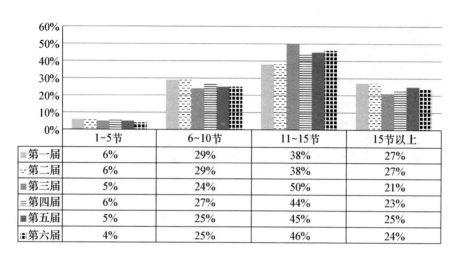

图 2-9 六届公费师范生一周任课节数情况

36％、38％、38％、39％和 43％（见图 2-10）。这表明：六届公费师范生在入职两年后担任班主任的比例在 40％左右，足见这些学生入职后一段时间就能够成为学校的骨干力量，承担带班等主要工作任务。

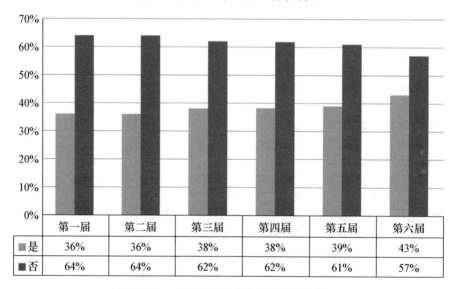

图 2-10 六届公费师范生担任班主任情况

7. 任教班级数量

数据显示：六届公费师范生任教班级数量情况，从高到低排在前两位的依次是2个和3个以上，比例区间依次为34%～45%和29%～40%（见图2-11）。这表明：六届公费师范生任教班级数量相对集中在2个和3个以上，基本达40%左右，学生教学工作量基本集中适当。

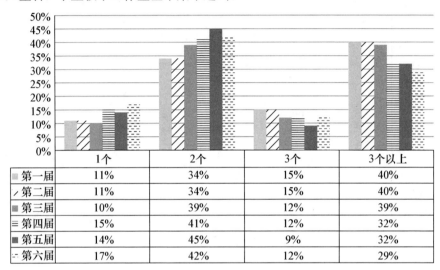

	1个	2个	3个	3个以上
▨ 第一届	11%	34%	15%	40%
╱ 第二届	11%	34%	15%	40%
▥ 第三届	10%	39%	12%	39%
▤ 第四届	15%	41%	12%	32%
▦ 第五届	14%	45%	9%	32%
▧ 第六届	17%	42%	12%	29%

图2-11　六届公费师范生任教班级数量情况

（三）六届公费师范生就业具体情况

1. 就业层次情况

数据显示：在就业区域层次上，六届公费师范生有68%～88%签约到城市区域，有10%～25%签约到乡镇区域，有2%～7%签约到农村地区（见图2-12）；在就业学校层次上，六届公费师范生有63%以上签约到省市级示范或重点学校，有72%以上签约到县级及以上重点学校（见图2-13）。这些情况表明：该校公费师范生主要签约到城市区域且为省市重点以上学校，就业状况整体良好，就业层次整体较高。

2. 就业途径情况

数据显示：六届公费师范生主要通过学校组织的校园招聘、生源地双选会两大途径实现就业，六届总体情况依次为77%、77.8%、73%、72%、72%和73%；部分学生通过自己主动联系单位、上门应聘的途径实现就业，六届情况依次为14%、16.8%、22%、20%、22%和22%；极少部分学生通过亲戚关系

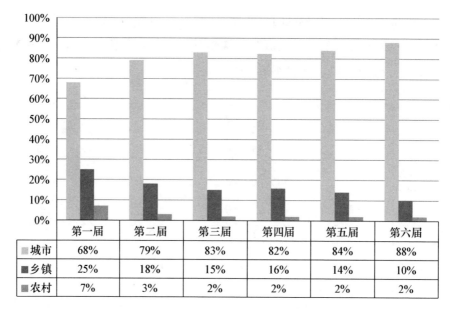

	第一届	第二届	第三届	第四届	第五届	第六届
城市	68%	79%	83%	82%	84%	88%
乡镇	25%	18%	15%	16%	14%	10%
农村	7%	3%	2%	2%	2%	2%

图 2-12　六届公费师范生签约区域情况

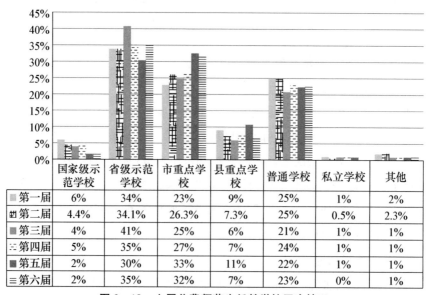

	国家级示范学校	省级示范学校	市重点学校	县重点学校	普通学校	私立学校	其他
第一届	6%	34%	23%	9%	25%	1%	2%
第二届	4.4%	34.1%	26.3%	7.3%	25%	0.5%	2.3%
第三届	4%	41%	25%	6%	21%	1%	1%
第四届	5%	35%	27%	7%	24%	1%	1%
第五届	2%	30%	33%	11%	22%	1%	1%
第六届	2%	35%	32%	7%	23%	0%	1%

图 2-13　六届公费师范生任教学校层次情况

或其他方式实现就业（见图 2-14）。这些情况表明：该校学生主要依靠政府和学校提供的途径就业，部分学生有较强的就业主动性，通过个人努力实现就业。

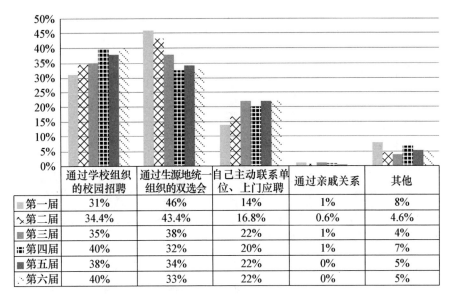

	通过学校组织的校园招聘	通过生源地统一组织的双选会	自己主动联系单位、上门应聘	通过亲戚关系	其他
第一届	31%	46%	14%	1%	8%
第二届	34.4%	43.4%	16.8%	0.6%	4.6%
第三届	35%	38%	22%	1%	4%
第四届	40%	32%	20%	1%	7%
第五届	38%	34%	22%	0%	5%
第六届	40%	33%	22%	0%	5%

图 2-14　六届公费师范生就业签约途径分布情况

3. 任教学段情况

数据显示：六届公费师范生任教学段依次为高中、初中、小学，比例依次为 55％～68％、22％～29％、9％～15％（见图 2-15）。这些情况表明：已就业公费师范生主要选择在高中任教，其次选择在初中和小学任教。但总体来说，该校六届公费师范生有 97％以上在我国基础教育战线上贡献力量。

4. 就业关注因素

数据显示：六届公费师范生工作期间关注的因素较为多元，排在第一位的是单位编制，六届学生对此的关注度都在 57％以上，其余对学校知名度、规模和实力，学校所在地综合情况，教师待遇，任教学段，个人未来发展空间等的关注度也都达 39％以上（见图 2-16）。这些情况表明：该校学生在就业期间对就业单位的考量是多元多维的，较为理性、现实；编制仍是公费师范生最关注的一个因素。

（四）六届公费师范生职后规划情况

1. 继续从教信念情况

数据显示：六届公费师范生选择"继续从事教育事业"的比例依次为

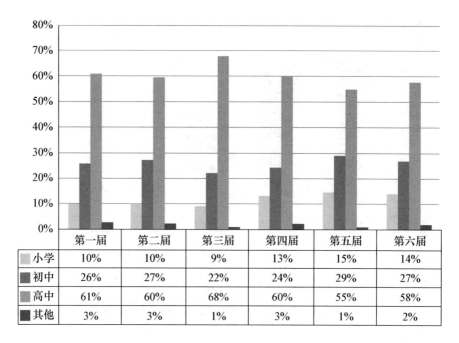

	第一届	第二届	第三届	第四届	第五届	第六届
小学	10%	10%	9%	13%	15%	14%
初中	26%	27%	22%	24%	29%	27%
高中	61%	60%	68%	60%	55%	58%
其他	3%	3%	1%	3%	1%	2%

图 2-15　六届公费师范生任教学段情况

39%、42%、45%、47%、54%和46%，选择"从事其他行业"的比例依次为26%、10%、10%、7%、8%和9%，选择"到时候再说"的比例依次为35%、48%、45%、46%、39%和45%（见图2-17）。这些情况表明：有40%左右的学生有坚定的立志从教的职业信念，但也有40%左右的学生对自己未来职业选择有到时候再说、走着看的想法，这部分公费师范生职业生涯规划意识仍需加强。

2. 职业转向动机情况

数据显示：六届公费师范生10年服务期满后想从事其他行业的原因较为多元，其中排在前三位的依次是"教师收入偏低""想尝试其他类型的工作""想去其他城市工作"，比例依次为39%~47%、23%~31%和9%~14%（见图2-18）。这些情况表明：教师待遇仍是学生职后发展普遍关注的问题之一，关注度在50%左右。

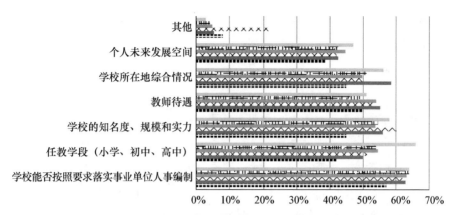

	学校能否按照要求落实事业单位人事编制	任教学段（小学、初中、高中）	学校的知名度、规模和实力	教师待遇	学校所在地综合情况	个人未来发展空间	其他
第六届	64%	66%	58%	51%	56%	47%	3%
第五届	64%	54%	54%	49%	51%	42%	4%
第四届	63%	54%	54%	54%	50%	45%	5%
第三届	62%	51%	60%	53%	50%	42%	22%
第二届	63%	50%	56%	55%	58%	43%	5%
第一届	57%	42%	45%	50%	45%	39%	8%

图 2－16　六届公费师范生就业关注因素情况

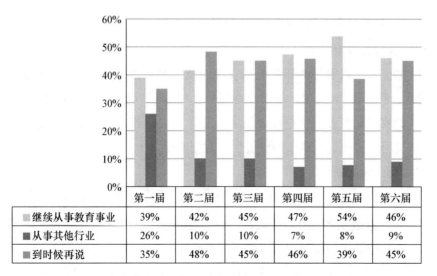

	第一届	第二届	第三届	第四届	第五届	第六届
继续从事教育事业	39%	42%	45%	47%	54%	46%
从事其他行业	26%	10%	10%	7%	8%	9%
到时候再说	35%	48%	45%	46%	39%	45%

图 2－17　六届公费师范生对"在 10 年服务期满之后的职业选择"问题的认识

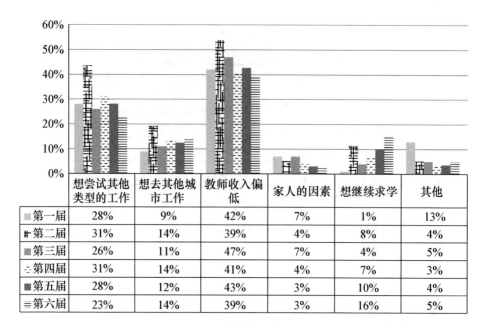

	想尝试其他类型的工作	想去其他城市工作	教师收入偏低	家人的因素	想继续求学	其他
▪第一届	28%	9%	42%	7%	1%	13%
╫第二届	31%	14%	39%	4%	8%	4%
▪第三届	26%	11%	47%	7%	4%	5%
∹第四届	31%	14%	41%	4%	7%	3%
■第五届	28%	12%	43%	3%	10%	4%
≡第六届	23%	14%	39%	3%	16%	5%

图 2-18　六届公费师范生对"10 年服务期满后想从事其他行业的原因"问题的认识

二、公费师范生就业政策情况量化分析

（一）六届公费师范生政策执行情况

1. 农村任教情况

数据显示：六届公费师范生到农村任教情况呈逐年下降趋势，比例分别为 38%、34%、23%、22%、23% 和 18%（见图 2-19）。这一情况与国家政策中"到农村义务教育学校任教服务 2 年"的要求还有差距，关于这方面情况的研究为政策完善和科学调整提供了数据支撑。

2. 编制落实情况

数据显示：六届公费师范生编制落实情况整体良好，达 90% 以上（见图 2-20）。这表明各省教育行政部门对公费师范生有编有岗政策落实得较好，基本上大部分学生的编制问题得到了妥善解决。

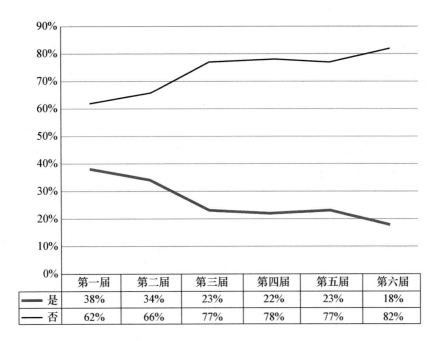

	第一届	第二届	第三届	第四届	第五届	第六届
是	38%	34%	23%	22%	23%	18%
否	62%	66%	77%	78%	77%	82%

图 2-19 六届公费师范生按政策规定先到农村任教 2 年情况

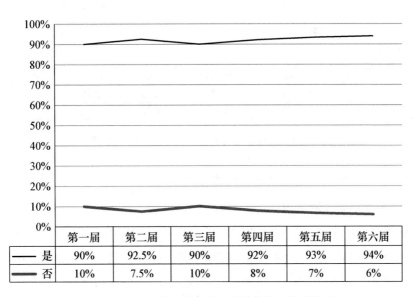

	第一届	第二届	第三届	第四届	第五届	第六届
是	90%	92.5%	90%	92%	93%	94%
否	10%	7.5%	10%	8%	7%	6%

图 2-20 六届公费师范生工作单位落实编制情况

3. 保障条件情况

按照公费师范生政策规定，地方政府和农村学校要为公费师范毕业生到农村任教服务提供周转住房等必要的工作条件。本研究选取单位是否提供住房和工资待遇是否符合签约承诺两个因素作为参考。数据显示：六届公费师范生就业单位住房提供率在24.2％～32％之间（见图2-21）；给予待遇符合签约承诺率最低为68.6％，最高达84％（见图2-22）。这些情况表明：公费师范生工作生活保障条件较好，30％左右学生的就业单位根据自身实际情况为公费师范生提供了周转住房。

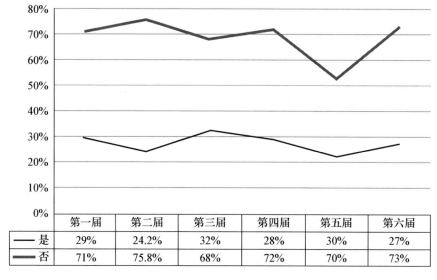

	第一届	第二届	第三届	第四届	第五届	第六届
—— 是	29%	24.2%	32%	28%	30%	27%
—— 否	71%	75.8%	68%	72%	70%	73%

图2-21 六届公费师范生工作单位提供住房情况

（二）六届公费师范生政策认同情况

1. 服务期限认同情况

数据显示：学生对政策规定的"承诺毕业后从事中小学教育10年以上"的认同情况较为分散，其中六届公费师范生赞同比例依次为36％、33.4％、38％、34％、39％和31％，不赞同比例依次为44％、45.5％、45％、46％、41％和50％，有20％左右的学生表示说不清（见图2-23）。这些情况表明：公费师范生对10年服务期限这一政策争议较大，认同度不高，不赞同比例接

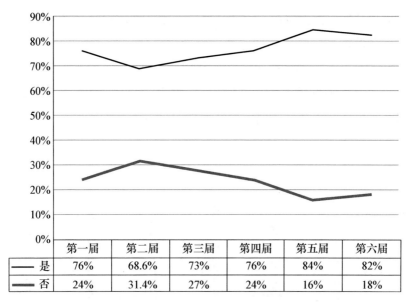

	第一届	第二届	第三届	第四届	第五届	第六届
是	76%	68.6%	73%	76%	84%	82%
否	24%	31.4%	27%	24%	16%	18%

图 2-22　六届公费师范生工资待遇符合签约承诺情况

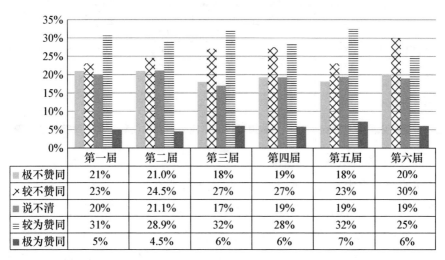

	第一届	第二届	第三届	第四届	第五届	第六届
极不赞同	21%	21.0%	18%	19%	18%	20%
较不赞同	23%	24.5%	27%	27%	23%	30%
说不清	20%	21.1%	17%	19%	19%	19%
较为赞同	31%	28.9%	32%	28%	32%	25%
极为赞同	5%	4.5%	6%	6%	7%	6%

图 2-23　六届公费师范生对"承诺毕业后从事中小学教育 10 年以上"政策的认同情况

近五成。

2. 农村任教认同情况

按照政策规定，到城镇学校工作的公费师范生，应先到农村义务教育学校任教服务 2 年。数据显示：六届公费师范生对在农村任教 2 年政策的认同情况较为分散，其中六届公费师范生赞同比例依次为 27%、26.3%、25%、22%、25% 和 19%，不赞同比例依次为 51%、52.8%、58%、60%、55% 和 62%，有 20% 左右的学生表示说不清（见图 2 - 24）。这些情况表明：公费师范生对在农村任教 2 年这一政策的认同度较低，不赞同比例达五成以上，最高达 62%。

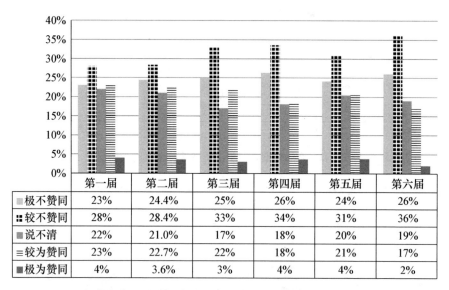

	第一届	第二届	第三届	第四届	第五届	第六届
▦极不赞同	23%	24.4%	25%	26%	24%	26%
▦较不赞同	28%	28.4%	33%	34%	31%	36%
▪说不清	22%	21.0%	17%	18%	20%	19%
☰较为赞同	23%	22.7%	22%	18%	21%	17%
▦极为赞同	4%	3.6%	3%	4%	4%	2%

图 2 - 24 六届公费师范生对"到城镇学校工作应先到农村任教 2 年"政策的认同情况

3. 回生源省就业认同情况

按照政策规定，公费师范生一般应回生源所在省中小学任教。数据显示：六届公费师范生对回生源省就业政策的认同情况较为分散，其中六届公费师范生赞同比例依次为 36%、43.6%、43%、43%、50% 和 51%，不赞同比例依次为 48%、42.8%、43%、42%、35% 和 33%，有 15% 左右的学生表示说不清（见图 2 - 25）。这些情况表明：公费师范生对回生源省就业这一政策的赞同比例和不赞同比例基本接近，都在 40% 左右，可见学生对这一政策的态度争议较大。

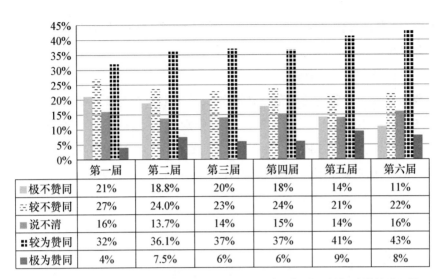

	第一届	第二届	第三届	第四届	第五届	第六届
极不赞同	21%	18.8%	20%	18%	14%	11%
较不赞同	27%	24.0%	23%	24%	21%	22%
说不清	16%	13.7%	14%	15%	14%	16%
较为赞同	32%	36.1%	37%	37%	41%	43%
极为赞同	4%	7.5%	6%	6%	9%	8%

图 2 - 25　六届公费师范生对"一般应回生源所在省中小学任教"政策的认同情况

4. 不得报考脱产研究生的认同情况

按照政策规定，公费师范生毕业前及在协议规定服务期内，一般不得报考脱产研究生。数据显示：六届公费师范生对这一政策的不赞同率分别为 68%、71.6%、72%、76%、71% 和 70%，赞同率分别为 17%、16.9%、15%、11%、16%和 14%（见图 2 - 26）。这些情况表明：公费师范生对这一政策认同

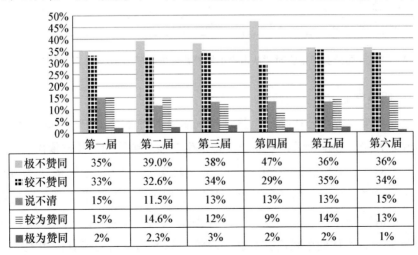

	第一届	第二届	第三届	第四届	第五届	第六届
极不赞同	35%	39.0%	38%	47%	36%	36%
较不赞同	33%	32.6%	34%	29%	35%	34%
说不清	15%	11.5%	13%	13%	13%	15%
较为赞同	15%	14.6%	12%	9%	14%	13%
极为赞同	2%	2.3%	3%	2%	2%	1%

图 2 - 26　六届公费师范生对"在规定期限内一般不得报考脱产研究生"政策的认同情况

度很低，不赞同比例达 68％以上，有待国家及相关部门对该政策做进一步的完善或合理调整。

5. 从教年限的认同情况

数据显示：六届公费师范生认同的从教年限依次为 4 年以内、4～6 年、6～8 年、8～10 年、10～15 年，比例分别为 28％～37％、35％～46％、15％～19.1％、6％～13％、1％～3％（见图 2-27）。这些情况表明：与政策规定的 10 年服务期相比，学生较为认同并接受 4～6 年的从教年限。

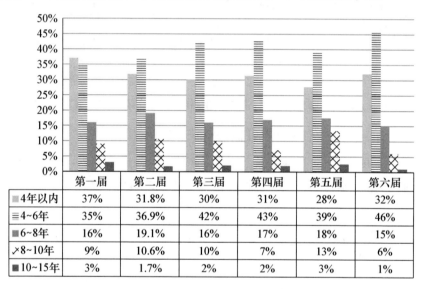

	第一届	第二届	第三届	第四届	第五届	第六届
▪4 年以内	37%	31.8%	30%	31%	28%	32%
≡4~6 年	35%	36.9%	42%	43%	39%	46%
▪6~8 年	16%	19.1%	16%	17%	18%	15%
✕8~10 年	9%	10.6%	10%	7%	13%	6%
▪10~15 年	3%	1.7%	2%	2%	3%	1%

图 2-27　六届公费师范生对"从事中小学教育最低年限为 10 年"政策的建议情况

6. 明确就业方向认同情况

按照政策规定，公费师范生签订协议后就明确了个人未来从事中小学教育的就业方向。数据显示：六届公费师范生对该政策认同的比例依次为 37％、32.9％、34％、35％、37％ 和 40％，对该政策不认同的比例依次为 43％、48.7％、46％、47％、43％ 和 43％，且还有 17％～20％ 的学生对政策是否认同"说不清"（见图 2-28）。这些情况表明：公费师范生对这一政策不认同比例接近 50％，不认同率较高。对这一政策的动态调整与完善有待相关部门予以重视。

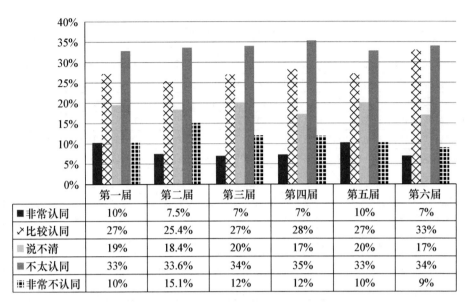

	第一届	第二届	第三届	第四届	第五届	第六届
■非常认同	10%	7.5%	7%	7%	10%	7%
✗比较认同	27%	25.4%	27%	28%	27%	33%
▦说不清	19%	18.4%	20%	17%	20%	17%
▦不太认同	33%	33.6%	34%	35%	33%	34%
▤非常不认同	10%	15.1%	12%	12%	10%	9%

图 2-28 六届公费师范生对明确就业方向的认同情况

三、公费师范生就业经验情况量化分析

(一)任教期间专业知识来源情况

数据显示：六届公费师范生认为任教时专业知识主要来源排在前三位的依次是"本科所学知识"、"教学观摩"和"同事交流"，比例依次为33%~40%、18%~26%和20%~28%（见表2-1）。这些情况表明：六届公费师范生认为任教时专业知识来源较为多元，不同阶段的经历与经验对其自身都有帮助，但六届公费师范生普遍认为本科所学知识还是其最主要的知识来源。

表 2-1 任教时专业知识的主要来源情况

第一届	第一位	第二位	第三位	第四位	第五位	第六位
本科所学知识	183（35%）	78（15%）	60（12%）	60（11%）	59（11%）	81（16%）
职后培训教育	44（8%）	75（14%）	68（13%）	76（15%）	108（21%）	149（29%）
教学观摩	88（17%）	109（21%）	111（21%）	102（20%）	64（12%）	46（9%）
同事交流	32（6%）	92（18%）	143（28%）	112（21%）	99（19%）	42（8%）

续表

第一届	第一位	第二位	第三位	第四位	第五位	第六位
学生时的经历	99 (19%)	85 (16%)	73 (14%)	77 (15%)	94 (18%)	91 (18%)
阅读专业书籍	74 (14%)	81 (16%)	65 (13%)	93 (18%)	96 (18%)	111 (21%)
第二届	第一位	第二位	第三位	第四位	第五位	第六位
本科所学知识	287 (38%)	114 (15%)	77 (10%)	72 (10%)	108 (15%)	88 (12%)
职后培训教育	40 (5%)	121 (16%)	107 (14%)	120 (16%)	137 (19%)	221 (30%)
教学观摩	160 (22%)	158 (22%)	197 (26%)	122 (16%)	83 (11%)	25 (3%)
同事交流	36 (5%)	158 (21%)	161 (22%)	197 (26%)	112 (15%)	82 (11%)
学生时的经历	138 (19%)	101 (14%)	118 (16%)	107 (14%)	159 (21%)	123 (16%)
阅读专业书籍	85 (11%)	94 (12%)	86 (12%)	128 (17%)	147 (20%)	207 (28%)
第三届	第一位	第二位	第三位	第四位	第五位	第六位
本科所学知识	251 (40%)	100 (16%)	61 (10%)	59 (10%)	66 (11%)	83 (13%)
职后培训教育	38 (6%)	93 (15%)	82 (13%)	98 (16%)	108 (18%)	193 (32%)
教学观摩	92 (15%)	122 (20%)	171 (28%)	111 (18%)	88 (14%)	27 (5%)
同事交流	21 (3%)	103 (17%)	121 (20%)	180 (30%)	109 (18%)	74 (12%)
学生时的经历	143 (23%)	109 (18%)	88 (14%)	78 (13%)	107 (18%)	87 (15%)
阅读专业书籍	75 (12%)	92 (15%)	94 (16%)	87 (14%)	127 (21%)	136 (22%)
第四届	第一位	第二位	第三位	第四位	第五位	第六位
本科所学知识	311 (33%)	120 (13%)	110 (12%)	91 (10%)	146 (16%)	148 (16%)
职后培训教育	52 (6%)	136 (15%)	124 (13%)	168 (18%)	188 (20%)	255 (28%)
教学观摩	192 (21%)	210 (23%)	244 (26%)	148 (16%)	96 (10%)	35 (4%)
同事交流	54 (6%)	197 (21%)	225 (24%)	234 (25%)	136 (15%)	80 (9%)
学生时的经历	199 (22%)	134 (15%)	105 (11%)	151 (16%)	170 (18%)	167 (18%)
阅读专业书籍	133 (14%)	129 (14%)	115 (13%)	130 (14%)	188 (20%)	230 (25%)
第五届	第一位	第二位	第三位	第四位	第五位	第六位
本科所学知识	245 (36%)	76 (12%)	89 (13%)	62 (9%)	103 (15%)	103 (15%)
职后培训教育	62 (9%)	105 (16%)	130 (19%)	118 (18%)	132 (19%)	131 (19%)
教学观摩	128 (19%)	120 (18%)	188 (28%)	108 (16%)	83 (12%)	53 (7%)
同事交流	41 (6%)	143 (21%)	142 (21%)	170 (25%)	99 (15%)	83 (12%)
学生时的经历	110 (16%)	111 (16%)	79 (12%)	124 (18%)	141 (21%)	114 (17%)
阅读专业书籍	102 (15%)	121 (18%)	51 (7%)	92 (14%)	124 (18%)	187 (28%)
第六届	第一位	第二位	第三位	第四位	第五位	第六位
本科所学知识	216 (36%)	80 (13%)	66 (11%)	60 (10%)	104 (17%)	79 (13%)
职后培训教育	35 (6%)	82 (14%)	86 (14%)	116 (19%)	117 (19%)	166 (28%)

续表

第六届	第一位	第二位	第三位	第四位	第五位	第六位
教学观摩	118（20%）	157（26%）	150（25%）	98（16%）	62（10%）	18（3%）
同事交流	32（5%）	129（21%）	128（21%）	159（26%）	105（18%）	52（9%）
学生时的经历	127（21%）	81（14%）	84（14%）	86（14%）	108（18%）	115（19%）
阅读专业书籍	79（13%）	76（13%）	85（14%）	84（14%）	112（18%）	170（28%）

备注说明：

1. 本题为排序题，各届数据中专业知识来源不同，学生认知也不同，同一届横向各项数据总计之间稍有差异，各排序百分比＝该项排序位数上的数据/该项六列排序上的数据之和×100%。

2. 各项排序采取逐位淘汰形式，即某项已在前位中排序，本届内在下一位排序中将被排除在外不做考虑。

3. 当系统计算各横向百分比不足 100% 时，依据小数点后两位数大者进行四舍五入进位；当超过 100% 时，依据小数点后两位数小者进行四舍五入减位。

（二）影响教师教学能力因素情况

数据显示：在对影响教师教学能力因素的认识方面，六届公费师范生对此的排序不同，差异性较大。这些情况表明：六届公费师范生认为影响教师教学能力的因素较为多元，"熟悉教材、把握重点难点""确定教学目标、制定课堂内容""课堂上的讲解能力""多媒体的运用""专业水平"五方面因素都不同程度影响着教师的教学能力（见表 2-2）。

表 2-2 影响教师教学能力因素的认识情况

第一届	第一位	第二位	第三位	第四位	第五位
熟悉教材、把握重点难点	163（32%）	162（31%）	121（23%）	48（9%）	26（5%）
确定教学目标、制定课堂内容	63（12%）	151（29%）	163（32%）	121（23%）	22（4%）
课堂上的讲解能力	101（20%）	126（24%）	161（31%）	120（23%）	11（2%）
多媒体的运用	9（2%）	14（3%）	21（4%）	99（19%）	378（72%）
专业水平	184（35%）	67（13%）	54（11%）	132（25%）	83（16%）
第二届	第一位	第二位	第三位	第四位	第五位
熟悉教材、把握重点难点	258（35%）	234（31%）	162（22%）	70（9%）	21（3%）
确定教学目标、制定课堂内容	98（13%）	248（33%）	246（33%）	141（19%）	14（2%）
课堂上的讲解能力	126（17%）	169（23%）	250（33%）	185（25%）	16（2%）
多媒体的运用	11（1%）	17（2%）	13（2%）	135（18%）	570（77%）
专业水平	253（34%）	78（10%）	75（10%）	215（29%）	125（17%）
第三届	第一位	第二位	第三位	第四位	第五位
熟悉教材、把握重点难点	208（34%）	195（32%）	137（22%）	57（9%）	21（4%）
确定教学目标、制定课堂内容	64（10%）	207（33%）	186（30%）	140（23%）	18（3%）

续表

第三届	第一位	第二位	第三位	第四位	第五位
课堂上的讲解能力	99（16%）	133（22%）	200（32%）	176（29%）	8（1%）
多媒体的运用	10（2%）	15（2%）	18（3%）	101（17%）	467（76%）
专业水平	238（38%）	68（11%）	78（13%）	141（23%）	91（15%）
第四届	第一位	第二位	第三位	第四位	第五位
熟悉教材、把握重点难点	324（35%）	268（29%）	196（21%）	97（10%）	43（5%）
确定教学目标、制定课堂内容	102（11%）	318（34%）	310（33%）	171（18%）	28（3%）
课堂上的讲解能力	160（17%）	225（24%）	279（30%）	238（26%）	26（3%）
多媒体的运用	25（3%）	24（2%）	44（5%）	168（18%）	665（72%）
专业水平	318（34%）	92（10%）	99（11%）	258（28%）	162（17%）
第五届	第一位	第二位	第三位	第四位	第五位
熟悉教材、把握重点难点	253（37%）	157（23%）	112（16%）	38（6%）	122（18%）
确定教学目标、制定课堂内容	145（21%）	224（33%）	174（25%）	94（14%）	45（7%）
课堂上的讲解能力	117（17%）	192（28%）	232（34%）	105（16%）	36（5%）
多媒体的运用	26（4%）	64（9%）	101（15%）	117（17%）	370（55%）
专业水平	151（22%）	42（6%）	61（9%）	323（48%）	105（15%）
第六届	第一位	第二位	第三位	第四位	第五位
熟悉教材、把握重点难点	210（34%）	197（32%）	144（24%）	49（8%）	13（2%）
确定教学目标、制定课堂内容	56（9%）	205（34%）	205（34%）	129（21%）	16（2%）
课堂上的讲解能力	72（12%）	149（24%）	186（30%）	194（32%）	10（2%）
多媒体的运用	11（2%）	8（1%）·	14（2%）	83（14%）	496（81%）
专业水平	265（43%）	52（9%）	63（10%）	162（26%）	72（12%）

备注说明：

1. 本题为排序题，各届数据中影响教师教学能力的因素不同，学生认知也不同，同一届横向各项数据总计之间稍有差异，各排序百分比＝该项排序位数上的数据/该项五列排序上的数据之和×100%。

2. 各项排序采取逐位淘汰形式，即某项已在前位中排序，本届内在下一位排序中将被排除在外不做考虑。

3. 当系统计算各横排百分比不足100%时，依据小数点后两位数大者进行四舍五入进位；当超过100%时，依据小数点后两位数小者进行四舍五入减位。

（三）基础能力培养重要程度情况

数据显示：六届公费师范生认为基础能力培养中按重要程度排在前五位的依次是"专业知识能力""口语表达能力""组织管理能力""板书书写能力""运用多媒体教学能力"，比例依次为78%～85%、71%～75%、63%～79%、40%～47%和29%～35%（见图2-29）。这些情况表明：六届公费师范生对公费师范生应掌握的基础能力有基本的共识，认识明确集中，认为"专业知识能力""口语表达能力""组织管理能力"等教师基本功是公费师范生最应掌握并具备的基本能力。

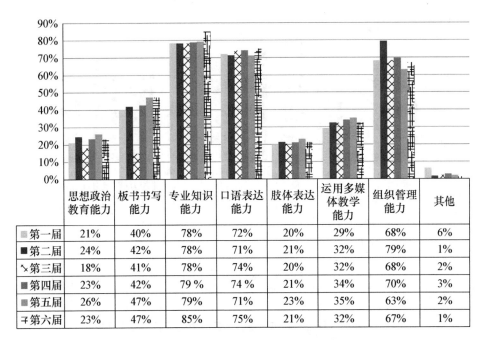

	思想政治教育能力	板书书写能力	专业知识能力	口语表达能力	肢体表达能力	运用多媒体教学能力	组织管理能力	其他
第一届	21%	40%	78%	72%	20%	29%	68%	6%
第二届	24%	42%	78%	71%	21%	32%	79%	1%
第三届	18%	41%	78%	74%	20%	32%	68%	2%
第四届	23%	42%	79%	74%	21%	34%	70%	3%
第五届	26%	47%	79%	71%	23%	35%	63%	2%
第六届	23%	47%	85%	75%	21%	32%	67%	1%

图 2-29　六届公费师范生基础能力培养重要程度情况

（四）综合素质能力重要程度情况

数据显示：六届公费师范生认为综合能力培养中按重要程度排在前六位的依次是"学科素质""实践能力""创新能力""组织管理能力""人际交往能力""人文素质"，比例依次为 64%～75%、57%～68%、56%～62%、51%～64%、44%～58%和 42%～56%（见图 2-30）。这些情况表明：六届公费师范生认为公费师范生应具备多方面的综合素质与综合能力，排在前六位的能力比例都近 42%或在 42%以上，可见学生们对自身应具备的综合能力与综合素质也有基本的共识，认识较为集中。

四、公费师范生在职学习困境量化分析

（一）现存困难情况

数据显示：六届公费师范生在攻读教育硕士期间面临的困难排在前四位的依次是"学习与工作难以协调""学习费用较高""学习质量难以保证""学

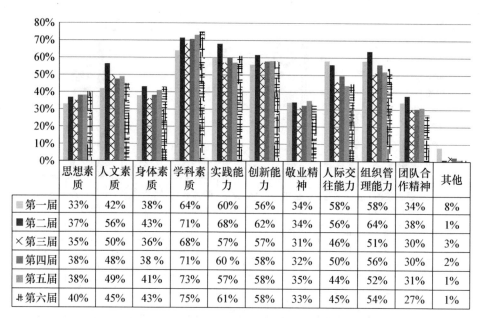

	思想素质	人文素质	身体素质	学科素质	实践能力	创新能力	敬业精神	人际交往能力	组织管理能力	团队合作精神	其他
第一届	33%	42%	38%	64%	60%	56%	34%	58%	58%	34%	8%
第二届	37%	56%	43%	71%	68%	62%	34%	56%	64%	38%	1%
第三届	35%	50%	36%	68%	57%	57%	31%	46%	51%	30%	3%
第四届	38%	48%	38 %	71%	60 %	58%	32%	50%	56%	30%	2%
第五届	38%	49%	41%	73%	57%	58%	35%	44%	52%	31%	1%
第六届	40%	45%	43%	75%	61%	58%	33%	45%	54%	27%	1%

图 2-30 六届公费师范生综合素质能力培养重要程度情况

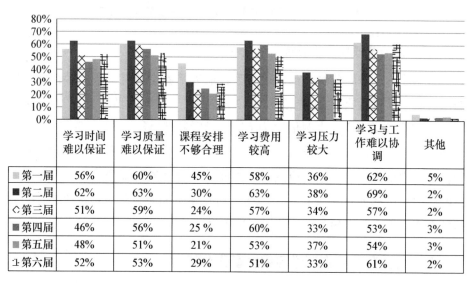

	学习时间难以保证	学习质量难以保证	课程安排不够合理	学习费用较高	学习压力较大	学习与工作难以协调	其他
第一届	56%	60%	45%	58%	36%	62%	5%
第二届	62%	63%	30%	63%	38%	69%	2%
第三届	51%	59%	24%	57%	34%	57%	2%
第四届	46%	56%	25 %	60%	33%	53%	3%
第五届	48%	51%	21%	53%	37%	54%	3%
第六届	52%	53%	29%	51%	33%	61%	2%

图 2-31 六届公费师范生在攻读教育硕士时面临的困难情况

习时间难以保证",比例依次为 53%~69%、51%~63%、51%~63% 和 46%~62%（见图 2-31），其余两项为"课程安排不够合理"和"学习压力较大"，比例分别为21%～45%和33%～38%。这些情况表明：六届公费师范生在攻读教育硕士期间面临的困难较多，排在前四位的困难因素比例都近46或在46%以上，且其余困难比例也都在21%以上。可见，对于刚入职两年的他们来说，也确实面临着诸如婚姻、发展等要平衡的困难，加强公费师范生后期教育与心理疏导有现实必要性。

（二）需要支持情况

数据显示：四届公费师范生在攻读教育硕士期间需要学校支持的方面第三届按照重要程度排在前四位的是"论文指导""教技教法""专业理论""管理能力"，第四届的相应情况是"教技教法""专业理论""论文指导""管理能力"，第五届相应情况是"论文指导""教技教法""专业理论""管理能力"，第六届相应情况是"论文指导""教技教法""专业理论""管理能力"。这些情况表明：各届学生需求虽稍不同，但通过第三届、第五届和第六届学生一致的排序情况以及综合第四届的排序情况，我们可知学生在职学习期间需要的支持是多元的，其中最需要学校提供的支持排在前三位的是"论文指导""教技教法""专业理论"。学生对这些方面的需要既有攻读硕士必备的知识与技能，也有在基础教育一线工作所需的实战知识与技能（见表2-3）。

表2-3　四届公费师范生在攻读教育硕士时需要学校支持情况

第三届	第一位	第二位	第三位	第四位	第五位
专业理论方面	168（28%）	145（24%）	148（25%）	129（22%）	5（1%）
教技教法方面	179（30%）	205（34%）	157（26%）	57（10%）	1（1%）
论文指导方面	189（32%）	126（21%）	170（28%）	108（18%）	6（1%）
管理能力方面	60（10%）	123（21%）	114（19%）	289（48%）	11（2%）
其他	7（3%）	1（1%）	3（1%）	4（1%）	230（94%）
第四届	第一位	第二位	第三位	第四位	第五位
专业理论方面	248（27%）	236（26%）	233（26%）	180（20%）	6（1%）
教技教法方面	288（32%）	288（22%）	228（25%）	94（10%）	6（1%）
论文指导方面	285（32%）	212（23%）	228（25%）	174（19%）	5（1%）
管理能力方面	71（8%）	165（18%）	212（24%）	444（49%）	12（1%）

续表

第四届	第一位	第二位	第三位	第四位	第五位
其他	11 (1%)	6 (1%)	3 (0%)	11 (1%)	881 (97%)
第五届	第一位	第二位	第三位	第四位	第五位
专业理论方面	182 (28%)	181 (27%)	205 (31%)	81 (12%)	14 (2%)
教技教法方面	161 (24%)	249 (37%)	170 (26%)	84 (13%)	1 (0%)
论文指导方面	238 (36%)	151 (23%)	169 (25%)	103 (16%)	3 (0%)
管理能力方面	79 (12%)	81 (12%)	112 (17%)	379 (57%)	10 (2%)
其他	8 (2%)	2 (0%)	6 (1%)	12 (2%)	551 (95%)
第六届	第一位	第二位	第三位	第四位	第五位
专业理论方面	138 (23%)	187 (31%)	162 (27%)	108 (18%)	6 (1%)
教技教法方面	181 (30%)	204 (34%)	148 (25%)	59 (10%)	7 (1%)
论文指导方面	238 (39%)	126 (21%)	143 (24%)	90 (15%)	5 (1%)
管理能力方面	38 (6%)	77 (13%)	132 (22%)	334 (56%)	20 (3%)
其他	12 (2%)	3 (0%)	11 (2%)	11 (2%)	561 (94%)

备注说明：

1. 本题为排序题，各届数据中不同学生需要的支持不同，存在同一届横向各项数据总计之间稍有差异，为此各排序百分比＝该项排序位数上的数据/该项五列排序上的数据之和×100%。

2. 各项排序采取逐位淘汰形式，即某项已在前位中排序，本届内在下一位排序中将被排除在外不做考虑。

3. 本表中问题是从第三届学生调研中增加的多选题，为此本题仅有四届的数据。

4. 当系统计算各横排百分比不足 100% 时，依据小数点后两位数大者进行四舍五入进位；当超过 100% 时，依据小数点后两位数小者进行四舍五入减位。

（三）论文指导需求

数据显示：四届公费师范生在攻读教育硕士期间对论文指导有一致的需求，按照重要程度排在前三位的是"论文方向""论文题目""论文框架"，比例依次为 65%～69%、43%～46%、44%～47%。这些情况表明：各届学生对论文指导需求统一且明确具体，其中对"论文方向"的指导需求最强烈，四届学生对其需求比例都达到了 65% 以上，且对"论文题目"和"论文框架"的指导需求也都达到了 43% 以上。可见，高校有必要加强对公费师范生的学业指导（见表 2-4）。

表 2-4　四届公费师范生在攻读教育硕士时论文指导需求情况

第三届	第一位	第二位	第三位	第四位
论文方向	415 (69%)	105 (17%)	80 (13%)	5 (1%)

续表

第三届	第一位	第二位	第三位	第四位
论文题目	88（15%）	260（43%）	244（41%）	4（1%）
论文框架	100（17%）	234（39%）	263（44%）	1（0%）
其他	4（1%）	1（1%）	3（1%）	297（97%）
第四届	第一位	第二位	第三位	第四位
论文方向	613（68%）	157（17%）	127（14%）	6（1%）
论文题目	133（15%）	418（46%）	348（39%）	4（0%）
论文框架	150（17%）	324（36%）	424（47%）	5（0%）
其他	7（1%）	3（0%）	4（0%）	904（99%）
第五届	第一位	第二位	第三位	第四位
论文方向	437（66%）	116（17%）	100（15%）	14（2%）
论文题目	116（17%）	282（43%）	258（39%）	6（1%）
论文框架	104（16%）	260（39%）	296（44%）	4（1%）
其他	10（2%）	6（1%）	8（1%）	562（96%）
第六届	第一位	第二位	第三位	第四位
论文方向	389（65%）	114（19%）	89（15%）	7（1%）
论文题目	103（17%）	277（46%）	217（36%）	4（1%）
论文框架	96（16%）	205（34%）	285（47%）	16（3%）
其他	14（2%）	6（1%）	9（2%）	571（95%）

备注说明：

1. 本题为排序题，各届数据中不同学生论文指导需求不同，存在同一届横向各项数据总计之间稍有差异，为此各排序百分比＝该项排序位上的数据/该项四列排序上的数据之和×100%。

2. 各项排序采取逐位淘汰形式，即某项已在前位中排序，本届内在下一位排序中将被排除在外不做考虑。

3. 本表中问题是从第三届学生调研中增加的多选题，为此本题仅有四届的数据。

4. 当系统计算各横排百分比不足 100%时，依据小数点后两位数大者进行四舍五入进位；当超过 100%时，依据小数点后两位数小者进行四舍五入减位。

第二节　公费师范生就业与政策执行情况质化分析

在前期量化考察的基础上，我们又对六届公费师范生调研问卷中的开放式问题以及历届学生座谈情况进一步做了质化分析，以期从公费师范生亲身工作经历出发，对关涉其中的系列问题做进一步的了解与把握。问卷的开放式问题主要从公费师范生政策的建议、公费师范生培养过程中知识层面的建议、公费师范生培养过程中能力层面的建议，以及公费师范生在职攻读教育硕士期间对培养学校、用人单位、政府部门等的建议四个方面展开。

一、公费师范生政策的建议

针对"你认为公费师范生政策有哪些需要改进的地方"这一问题，我们对六届公费师范生进行了跟踪，六届公费师范生分别有 367 份、385 份、382 份、723 份、500 份、527 份问卷的答案是有效的，但提交的改进建议较为分散，内容涉及广泛。通过归纳分析，我们共梳理出"定向就业""政策落实""读研费用""深造诉求""课程安排""服务年限""退出机制""工资待遇"等八个方面的具体建议（见表 2-5）。

表 2-5　六届公费师范生对公费师范生政策的建议情况统计

届数	定向就业	政策落实	读研费用	深造诉求	课程安排	服务年限	退出机制	工资待遇	其他建议
第一届	81 份 （22.1%）	63 份 （17.2%）	43 份 （11.7%）	28 份 （7.6%）	46 份 （12.5%）	26 份 （7.1%）	11 份 （3%）	16 份 （4.4%）	53 份 （14.4%）
第二届	82 份 （21.3%）	48 份 （12.5%）	35 份 （9%）	34 份 （8.8%）	42 份 （10.9%）	58 份 （15%）	19 份 （5%）	21 份 （5.5%）	46 份 （12%）
第三届	81 份 （21.2%）	51 份 （13.4%）	46 份 （12%）	27 份 （7%）	37 份 （9.7%）	61 份 （16%）	22 份 （5.8%）	10 份 （2.6%）	47 份 （12.3%）
第四届	161 份 （22.3%）	60 份 （8.3%）	73 份 （10.1%）	66 份 （9.1%）	72 份 （10%）	145 份 （20%）	23 份 （3.2%）	7 份 （1%）	116 份 （16%）
第五届	86 份 （17.2%）	32 份 （6.4%）	44 份 （8.8%）	119 份 （23.8%）	58 份 （11.6%）	80 份 （16%）	13 份 （2.6%）	17 份 （3.4%）	51 份 （10.2%）
第六届	104 份 （19.7%）	24 份 （4.6%）	27 份 （5.1%）	54 份 （10.2%）	25 份 （4.7%）	160 份 （30.4%）	19 份 （3.6%）	17 份 （3.2%）	97 份 （18.4%）

数据显示：对公费师范生相关政策的建议，六届毕业生侧重内容虽排序稍有不同，但还是较为集中的（见图 2-32）。第一届公费师范生排在前四位的建议依次为"定向就业""政策落实""课程安排""读研费用"，比例依次为 22.1%、17.2%、12.5%、11.7%；第二届公费师范生排在前四位的建议

依次为"定向就业""服务年限""政策落实""课程安排",比例依次为
21.3%、15%、12.5%、10.9%;第三届公费师范生排在前四位的建议依次
为"定向就业""服务年限""政策落实""读研费用",比例依次为
21.2%、16%、13.4%、12%;第四届公费师范生排在前四位的建议依次是
"定向就业""服务年限""读研费用""课程安排",比例依次为22.3%、
20%、10.1%、10%;第五届公费师范生排在前四位的建议依次为"深造诉
求""定向就业""服务年限""课程安排",比例依次为 23.8%、
17.2%、11.6%、8.8%;第六届公费师范生排在前四位的建议依次为"服务
年限""定向就业""深造诉求""读研费用",比例依次为25.2%、16.38%、
8.50%、4.25%。综合开放式问题与座谈内容的总结分析,我们梳理出如下
现实问题:

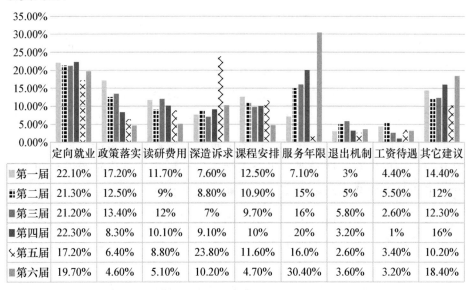

	定向就业	政策落实	读研费用	深造诉求	课程安排	服务年限	退出机制	工资待遇	其它建议
第一届	22.10%	17.20%	11.70%	7.60%	12.50%	7.10%	3%	4.40%	14.40%
第二届	21.30%	12.50%	9%	8.80%	10.90%	15%	5%	5.50%	12%
第三届	21.20%	13.40%	12%	7%	9.70%	16%	5.80%	2.60%	12.30%
第四届	22.30%	8.30%	10.10%	9.10%	10%	20%	3.20%	1%	16%
第五届	17.20%	6.40%	8.80%	23.80%	11.60%	16.0%	2.60%	3.40%	10.20%
第六届	19.70%	4.60%	5.10%	10.20%	4.70%	30.40%	3.60%	3.20%	18.40%

图 2-32 六届公费师范生对公费师范生政策的建议情况

第一,在定向就业方面,学生们希望"就业选择多样""跨省就业放宽"
"取消省份限制"等,回生源地省份就业的要求限制了他们的就业选择,使他
们在择偶、就业、发展等方面都产生了不便和困惑。特别是关于公费师范生
在毕业后要回到生源地省份从事中小学教育 10 年以上这一政策要求,争议较

大，学生们提出的建议也逐年增多。学生们认为这一定向就业方式不符合个人与职业发展的实际情况，部分用人单位对年轻教师的后续跟踪培养缺乏，使得他们逐渐产生职业倦怠感，感到在婚姻、发展等问题上束缚太多，影响较大。这些情况表明：此项政策的实施需适应新形势做出适当且合理修订，体现出政策的灵活性，让政策实施过程更符合或尽可能符合愿意终身从教的公费师范生的实际情况，让学生们安心、舒心地在教师岗位上全身全情地投入。

第二，在政策落实方面，总体表现在：政策落实不够灵活；退出机制滞后；个别省份政策落实参差不齐；高考报考前政策宣传不够；个别地区招聘存在招聘流程不公开透明；某些地方教育局工作人员对政策不够了解，存在互相推卸责任等现象。这些情况表明：政策实施过程中存在着诸如部分单位对政策不了解、对公费师范生不够重视等突出问题，影响了学生对职业信念的认同与坚守。但随着政策的逐年深入落实，各方无论是在政策的理解认识上还是在执行落实上都有了一定程度的提升。

第三，在各方保障方面，六届公费师范生的突出建议体现在培养单位的课程安排以及用人单位的工资待遇和学生的读研费用等方面。在读研期间的课程时间、内容安排等方面，学生希望加强课程的完善与整合以及体系化建设，提供专题性授课、实践教学等方面的指导。读研费用高和工资待遇低也是六届公费师范生关注的问题，部分公费师范生表示读研费用过高，对于刚刚参加工作一两年的家庭困难学生来说有些力不从心，部分学生希望政府能加大对公费师范生的后续关注和培养，减免公费师范生的读研费用。

第四，在机制完善方面，六届公费师范生的建议集中在对退出机制、出国深造等的诉求方面。随着心智的逐渐成熟与经历的丰富，学生们已不再像高中时代一样依赖父母或高中班主任提出的建议来决定自己的未来去向或所学专业，一部分学生表现出想出国深造的个性化诉求，希望在更高的平台上发挥自身的作用。但在政策实施过程中，学生只要没有办理违约手续，就不能在大四时报考研究生或出国，隔年后才允许报考研究生或出国。学生们希望在培养过程中的适当阶段提供合理而有效的退出和准入机制，使广大公费师范生能够实现真正为自己的职业生涯负责，而不是在涉世未深的高中毕业时期或刚入大学时就对一辈子的职业和命运做出选择。

第五，在其他建议方面，用人单位对公费师范生回母校读研支持度不高，对其所获得的硕士学位在职称评定、薪金涨幅等方面给予的支持力度与重视程度不够。在调研过程中，我们了解到较多公费师范生有继续深造学习的诉求。在工资待遇方面，呼吁声虽逐年在降低，但各地同样身份学生的工资待遇低且差异较大的问题仍存在，相关部门需引起重视。此外，公费师范生还关注其硕士学历在就业单位的认可度问题，主要表现在所选教育硕士是否为全日制、硕士学历是否得到就业单位认可，所攻读硕士学历在职称评聘、职务晋升、工资待遇方面是否有被考虑等方面。

二、公费师范生培养过程中知识层面的建议

针对"你认为公费师范生在大学期间应该加强哪些知识方面的学习"这一问题，我们对六届公费师范生进行了跟踪，分别有 466 份、601 份、541 份、966 份、724 份、636 份问卷的答案是有效的。通过归纳分析，我们可以看出，"教学理论专业知识""教育教学实践知识""教育教学管理知识""综合素质、人文素养"四方面的知识为历届公费师范生较关注的，他们认为在大学期间应加强（见表 2 - 6）。

表 2 - 6　六届公费师范生认为在大学期间应加强的知识情况统计

知识类别	教学理论专业知识	教育教学实践知识	教育教学管理知识	综合素质、人文素养	其他
第一届	192（41.2%）	168（36.1%）	47（10.1%）	54（11.6%）	5（1%）
第二届	234（39%）	226（37.6%）	73（12.1%）	57（9.5%）	11（1.8%）
第三届	215（39.7%）	206（38.1%）	77（14.2%）	38（7%）	5（1%）
第四届	354（36.6%）	394（40.8%）	132（13.7%）	65（6.7%）	21（2.2%）
第五届	326（45%）	244（34%）	91（13%）	53（7%）	10（1%）
第六届	213（33.49%）	268（42.14%）	95（14.94%）	43（6.76%）	17（2.67%）

数据显示：六届公费师范生认为大学期间最应该加强的知识是"教学理论专业知识""教育教学实践知识"，比例都在40%左右。调研过程中，我们了解到学生们所提及的"教学理论专业知识"主要指各专业知识、教育学与心理学知识、管理学知识以及人文知识等；"教育教学实践知识"主要指教案和板书的书写与设计、语言表达技巧、教材分析、多媒体技术运用、微格教学、说课等教师基本功，教育教学基本技能与技巧知识等；对"教育教学管理知识"的学习需求所占比例也都在10%以上，主要侧重于班级管理、学生教育、各级部门与人员的协调和沟通等方面的管理技能与技巧知识，学生们认为这方面的知识也是教师必备的。在座谈调研中，学生们特别提及在工作岗位中对这方面知识的强烈需求与重要意义。另外，"综合素质、人文素养"对于公费师范生的培养也十分重要，理科学生的人文素质培养方面成为理科公费师范生提及的重要内容。

上述情况表明：公费师范生经过一段时间的一线教学实践后对在大学期间应加强的知识认识清晰、明确，即高校应重点加强公费师范生在教育、教学、管理方面的实操性知识与技能素质培养。这一方面为高校人才培养在知识教育层面提供了明确建议，另一方面也为当前在校公费师范生的职业生涯发展提供了有效的朋辈指导。

三、公费师范生培养过程中能力层面的建议

针对"你认为公费师范生在大学期间应该提升哪些能力"这一问题，我们对六届公费师范生进行了跟踪，六届公费师范生分别有496份、644份、487份、951份、648份、692份问卷的答案是有效的。通过归纳分析，我们可以看出，"专业知识与教学经验""组织协调与班级管理""语言表达""创新实践""人际交往与团队合作"等五方面内容为公费师范生较为关注的能力（见表2-7）。

表2-7 六届公费师范生认为在大学期间应提升的能力情况统计

	专业知识与教学经验	组织协调与班级管理	语言表达	创新实践	人际交往与团队合作	其他
第一届	166（33.5%）	95（19.1%）	71（14.3%）	60（12.1%）	60（12.1%）	44（8.9%）

续表

	专业知识 与教学经验	组织协调 与班级管理	语言表达	创新实践	人际交往 与团队合作	其他
第二届	180 (27.9%)	152 (23.6%)	87 (13.5%)	74 (11.5%)	100 (15.5%)	51 (8%)
第三届	198 (40.7%)	98 (20.1%)	62 (12.7%)	50 (10.3%)	44 (9%)	35 (7.2%)
第四届	380 (40%)	210 (22%)	122 (12.8%)	79 (8.3%)	92 (9.7%)	68 (7.2%)
第五届	267 (41%)	140 (22%)	92 (14%)	77 (12%)	42 (6%)	30 (5%)
第六届	313 (45.2%)	130 (18.8%)	81 (11.7%)	80 (11.6%)	41 (5.9%)	47 (6.8%)

数据显示：六届公费师范生认为在校期间首先需培养的能力是"专业知识与教学经验"，六届除第二届比例为27.9%外，其他五届比例都在33%以上，具体包括专业书写与设计、专业教材分析、专业知识讲解、专业课堂掌握与驾驭能力等教师基本功；其次是"组织协调与班级管理"能力，具体包括班级管理与学生教育等能力，六届比例基本都在20%左右；最后，语言表达能力、人际交往与团队合作能力、创新实践能力等也受学生的关注，六届比例基本都在10%左右。

上述情况表明：公费师范生经过一段时间的一线教学实践后对大学期间应培养的能力认识清晰、明确。这一方面为高校培养学生的能力方面提供了明确建议，另一方面也为当前在校公费师范生的职业生涯发展和综合素质素养提升提供了有效的朋辈指导，特别是为专业教学能力、组织管理能力、语言表达能力、人际交往能力、创新实践能力、学习研究能力等具体能力的培养与提升提供了指导。

四、公费师范生在职攻读教育硕士期间对培养学校、用人单位、政府部门等的建议

在前三个开放式调研问题的基础上，我们从第三届公费师范生调研开始，增加了一道开放式问题：公费师范生在职攻读教育硕士期间对培养学校、用人单位、政府部门等有何建议？对于这一问题，四届公费师范生分别有312份、646份、404份、312份问卷的答案是有效的。通过归纳分析，我们共梳理出"读研费用""政策落实""课程安排""工资待遇""定向就业""深造诉

求""生活帮助"等七方面的建议（见表2-8）。

表2-8　四届公费师范生在职攻读教育硕士期间对培养学校、用人单位、政府部门等的建议统计

	读研费用	政策落实	课程安排	工资待遇	定向就业	深造诉求	生活帮助	其他
第三届	107 (34.3%)	94 (30.1%)	52 (16.7%)	18 (5.8%)	5 (1.6%)	4 (1.3%)	3 (1.0%)	29 (9.3%)
第四届	176 (27.2%)	213 (33.0%)	145 (22.4%)	28 (4.3%)	8 (1.2%)	7 (1.1%)	11 (1.7%)	58 (9.0%)
第五届	121 (29.9%)	164 (40.6%)	72 (17.8%)	25 (6.2%)	2 (0.5%)	2 (0.5%)	12 (3.0%)	6 (1.5%)
第六届	77 (24.7%)	69 (22%)	81 (26%)	31 (10%)	2 (0.6%)	15 (4.8%)	21 (6.7%)	16 (5%)

数据显示：四届公费师范生在职攻读教育硕士期间对培养学校、用人单位、政府部门等的建议排在前三位的分别是"政策落实""读研费用""课程安排"，比例分别是22%～40.6%、25%～34.3%、16.7%～26%。这些情况表明：四届公费师范生在职攻读教育硕士期间对相关部门的建议较为多元分散，相对而言建议集中在"政策落实""读研费用""课程安排"等方面。这些方面为相关部门工作的完善与调整提供了现实依据。

第三节　公费师范生就业与政策执行情况调研结果

在公费师范生政策实施十周年之后，对一所直属师范大学的连续六届公费师范生就业状况进行了追踪研究，主要从其就业整体情况、工作具体情况、在职培养建议和质化分析情况四个维度进行了分析与总结。

一、就业整体情况

我们对就业层次情况、任教学段情况、编制落实情况、条件保障情况、就业服务认同情况五个方面进行了调研。结果发现，六届公费师范生就业状况整体良好，就业层次整体较高，且有97%以上的学生在基础教育战线上贡献力量，在编制落实、条件保障等方面都得到了妥善解决；高校、政府及单位都较为重视公费师范生的就业服务，这在一定程度上得到了学生们的认同。

二、工作具体情况

我们对其从事工作情况、任教专业一致性情况、任教门数情况、任教科目情况、一周课节数量、担任班主任情况、任教班级数量七个方面进行了调研。结果发现，六届公费师范生在工作单位基本都能胜任本职工作，大部分承担一线教学与管理双重工作；目前任教科目与本科阶段所学专业一致率较高，达86.5%以上，最高达95%，大部分学生任教科目为1门，可以说大多数学生是学业专攻、学有所用；任教具体科目覆盖广泛全面，有助于他们在各自领域与各自岗位上发挥作用；学生们一周任课节数相对集中，主要为11～15节，课业任务较为适中合理；学生们在入职两年后担任班主任比例近40%，这些学生入职后一段时间就能够成为单位的骨干力量，承担带班等主要工作任务；任教班级数量相对集中在2个和3个以上，基本都达40%左右，学生教学工作量基本适当。

三、在职培养建议

我们对其现存困难情况、需要支持情况、论文指导需求三个方面进行了调研。结果发现，六届公费师范生在攻读教育硕士期间面临的困难较多，排在前四位的困难因素比例都近50%及以上，且其余困难比例也都在21%以上。可见，对于刚入职两年的他们来说，也确实面临着诸如婚姻、发展等要平衡的困难。加强公费师范生后期教育与心理疏导有现实必要性；各届学生需求虽稍有不同，但学生在职学习期间需要的支持是多元的，其中最需要学校提供的支持排在前三位的是"论文指导""教技教法""专业理论"。学生既需要有攻读硕士必备的知识与技能，也需要在基础教育一线工作所需的实战知识与技能；各届学生对论文指导需求统一且明确具体，其中对"论文方向"的指导需求最强烈，三届学生对其需求比例都达到了65%，且对"论文题目"

和"论文框架"的指导需求也都达到了 43％ 以上。可见，高校有必要加强对公费师范生的学业指导。

四、质化分析情况

我们主要从公费师范生政策的建议、公费师范生培养过程中知识层面的建议、公费师范生培养过程中能力层面的建议，以及公费师范生在职攻读教育硕士期间对培养学校、用人单位、政府部门等的建议四个方面进行了调研。结果发现，在对公费师范生相关政策的建议中，六届公费师范生在侧重内容上虽排序稍有不同，但还是较为集中的，主要集中在定向就业、政策落实、服务年限、课程安排、读研费用、深造诉求五个层面；公费师范生经过一段时间的一线教学实践后对在大学期间应加强的知识认识清晰、明确，即高校应重点加强公费师范生在教育、教学、管理方面的实操性知识与技能素质培养。这一方面为高校人才培养在知识教育层面提供了明确建议，另一方面也为当前在校公费师范生的职业生涯发展提供了有效的朋辈指导。公费师范生经过一段时间的一线教学实践后对大学期间应培养的能力认识清晰、明确。这一方面为高校培养学生的能力方面提供了明确建议，另一方面为当前在校公费师范生的职业生涯发展和综合素质素养提升提供了有效的朋辈指导，特别是在专业教学能力、组织管理能力、语言表达能力、人际交往能力、创新实践能力、学习研究能力等具体能力的培养与提升方面提供了指导。在前三个开放式调研问题基础上，我们从第三届公费师范生调研开始，新增了一道开放式问题："公费师范生在职攻读教育硕士期间对培养学校、用人单位、政府部门等有何建议？"四届公费师范生在攻读教育硕士期间对相关部门的建议较为多元分散，相对而言建议集中在"政策落实""读研费用""课程安排"等方面。这些都为相关部门工作的完善与调整提供了现实依据。

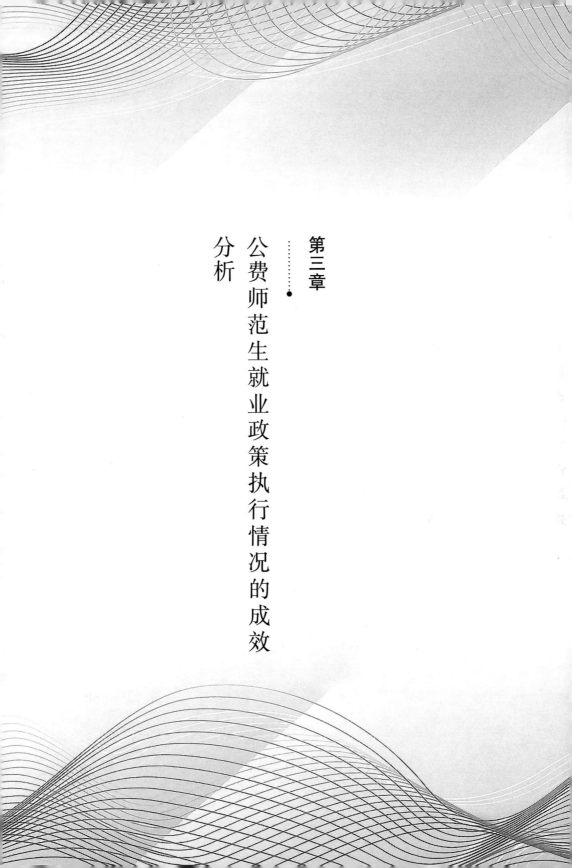

第三章

公费师范生就业政策执行情况的成效
分析

第一节　公费师范生就业政策执行特点分析[①]

通过对一所直属师范大学连续六届公费师范生就业与政策执行情况跟踪调研以及对座谈情况进行分析，并借鉴已有相关研究成果，我们梳理出公费师范生政策实施 10 余年来，其就业政策执行整体上体现出以下四个特点。

一、公费师范生就业状况良好，公费师范生培养与就业品牌已逐步确立

按照国家公费师范生政策要求，所有在籍的公费师范生毕业后都要由生源所在地落实就业岗位。相关研究数据与调研数据显示：当前，公费师范生就业状况整体良好，公费师范生培养的品牌效应已确立。具体表现在三方面：一是在就业区域层次上，六届公费师范生有 68％以上签约到城市，且比例逐年上升，近三年内已达 82％以上；签约到乡镇及以下的学生在 32％以下，且比例逐年下降；二是在就业学校层次上，六届公费师范生有 57％以上签约到省市级示范学校或重点学校，有 72％以上签约到县级及以上重点学校；三是在就业学段分布上，六届公费师范生 55％以上签约高中部、22％以上签约初中部、9％以上签约小学部，即有 97％以上的学生在全国各地基础教育岗位工作。这些情况表明：公费师范生正在基础教育战线上教书育人、建功立业，就业状况整体良好，公费师范生已受到基础教育单位的普遍青睐，成为全国基础教育单位招聘教师人才、培养卓越教师的首选品牌。

[①] 商应美. 免费师范生就业政策实施 10 周年追踪研究：以东北师范大学五届免费师范生为例. 教育研究，2017（12）；商应美，于爽. 免费师范生教育硕士就业跟踪调查研究：写于我国免费师范生政策实施 10 周年之际. 中国青年社会科学，2017（6）；商应美，于爽. 免费师范生就业政策执行跟踪研究：现状、成效、举措. 东北师大学报（哲学社会科学版），2018（5）.

二、公费师范生政策执行总体效果良好，政策执行落实率维持较高水平

针对六届公费师范生政策执行情况的跟踪调研显示，公费师范生的政策执行效果总体良好。具体表现在三方面：一是在人事编制落实上，尽管和政策规定保证全员有编的要求还有细微差距，存在公费师范生暂时有编和无编制的现象，但考虑各地区在实际操作中的实际情况以及经济社会发展现状等综合因素的影响，政策落实情况整体还是较好的，六届公费师范生编制落实达90％以上。二是在就业服务保障上，各省市为公费师范生提供的生活保障条件较好，表现在：六届公费师范生主要通过学校组织的校园招聘、生源地双选会两大途径实现就业，整体达72％以上；六届公费师范生就业单位住房提供率在30％左右；给予待遇符合签约承诺率最低为69％，最高达76％。这些情况表明：各地区在解决公费师范生关键问题上给予了较高的重视，政策落实与执行情况维持在较高水平，受到公费师范生的普遍认同。三是在就业满意状况上，通过文献分析也间接地验证了公费师范生政策的良好效果。公费师范生就业满意度为90％左右[①]。

三、公费师范生对部分政策的认同度低，学生职后培养与教育工作有待跟进

公费师范生政策自2007年执行以来，公费师范生对其中大部分政策认可度较高，但部分政策在执行过程中也显露出局限性。我们首先对服务期限认同情况、农村任教认同情况、回生源省就业认同情况、明确职业方向认同情况等政策进行了调研，发现学生认同度普遍不高。比如学生对政策规定的"承诺毕业后从事中小学教育10年以上""到城镇学校工作的公费师范毕业生，应先到农村义务教育学校任教服务2年""公费师范毕业生一般应回生源所在省中小学任教""公费师范生签订协议后就明确了个人未来从事中小学教育的就业方向"等政策的不赞同比例大部分都在40％以上，且个别政策还存

---

① 严怡，张斌. 免费师范毕业生就业情况调查研究：以西南大学为例. 中国大学生就业，2012（16）：16-20.

在学生赞同比例和不赞同比例基本持平、呈逐年上升的趋势，最高达 60％等现实情况。这些情况表明：公费师范生对部分政策认同度低的同时，政策在执行过程中争议也较大，存在政策失真情况，对这些政策的动态调整与完善有待引起相关部门的重视。

其次，我们对"继续从教信念情况""不得报考脱产研究生的认同情况"等政策进行调研，发现学生认同度差异较大。比如六届公费师范生对"在 10 年服务期满之后的职业选择"问题的认识，选择"继续从事教育事业"的比例在 39％以上，但选择"到时候再说"的比例在 35％以上；六届公费师范生对"在规定期限内一般不得报考脱产研究生"政策的认同情况，不赞同比例达 68％以上，赞同比例低于 17％。这些情况表明：有 40％左右的学生有坚定的立志从教的职业信念，且比例在逐年上升，这与想从事其他行业的学生比例逐年在降低结果相吻合，但也有 40％左右的学生对自己未来职业选择有"顺其自然""走着看"的想法，这部分公费师范生职业生涯规划意识不够。另外，国家在一些政策规定的执行、落实和配套政策的出台上仍需做进一步的科学分析，特别是一些激励机制、准入和退出机制以及职后再培养与教育等方面的政策有待出台与完善。

四、公费师范生培养质量较高，但政策内部的调整与完善机制有待生成

六年的调研数据显示：该校公费师范生培养质量较高、综合素质强，在全国基础教育战线上具有较强的竞争力，赢得了来自用人单位与社会各界的广泛认同。具体来说，在任教时的专业知识来源情况调研中，本科时的知识积累总体上还是公费师范生任教时的最重要来源；专业知识能力排在公费师范生认为的基础能力的首位；从就业区域和就业层次调研数据上也可以表明，该校公费师范生已获得了来自全国较好用人单位的广泛青睐与认同。但与此同时，公费师范生政策内部调整与完善机制也有待加强。针对公费师范生的人才培养、政策规定、职业规划、信念教育、职后培训等一系列综合性、全局性的培养体系有待建立与完善；部分政策的刚性要求与各地的实际执行情

况在运行之间的矛盾冲突仍需要调和与研判，并需采取有效举措妥善予以解决；针对学生反映强烈的、长期的政策认同率低与认知误区，如在服务年限、工资待遇、升学诉求、职后培养等认同度低的政策与问题，再如当前社会出现的各种对公费师范生就业政策的"四种误读"，即"一般回生源所在省份中小学任教"等于"必须到西部贫困地区任教服务"，"任教服务"等于"上山下乡"，"一般不得报考脱产研究生"等于"考研受限制"，"签订协议"等于"定终身"等，这些相对政策空间必然造成公费师范生对就业政策的误读。因此，这些方面有待各级行政主体在落实政策的全过程中加强教育与引导，并通过切实调研与合理举措予以解决。

第二节　公费师范生就业政策执行现存问题①

通过对六届公费师范生基本情况和就业现状的问卷调研与座谈情况进行分析，我们对当前制约公费师范生发展的现实问题及产生问题的原因进行了系统分析。本节就是从公费师范生就业政策执行的现实问题及产生问题的原因两方面进行阐述的。

一、公费师范生就业政策执行的现实问题分析

公费师范生就业政策执行过程中存在顶层谋划、体制机制、培养环节、条件保障等方面有待完善的问题，重点梳理以下四方面的具体问题：

（一）政策落实过程体制机制不够完善

六届公费师范生对各地区相关单位的政策落实情况提出了建议，但随着政策逐年落实完善，学生对此方面的建议基本呈现逐年下降趋势。总体表现为：政策推进落实不够灵活、退出机制实施滞后、个别省份政策落实得参差

---

① 商应美，于爽. 免费师范生教育硕士就业跟踪调查研究：写于我国免费师范生政策实施 10 周年之际. 中国青年社会科学，2017 (6).

不齐、高考报考前政策宣传不够、个别地区招聘流程待明晰、个别政府工作人员对政策了解不透，以及高校、政府、单位和学生各方主体责权不清等。为此，从顶层谋划和战略高度进一步加强政策落实过程中体制机制完善工作就显得尤为重要。

（二）定向定时就业限制学生职业发展

回生源地就业的政策是公费师范生最为关注的问题。这一政策限制了学生的就业选择，给他们在择偶、就业、发展等方面带来了不便。尤其是学生对 10 年工作年限的要求存在较大争议。调研中学生们认为这一定向就业政策与自身职业生涯发展实际契合度不高，加之部分用人单位对新入职教师后续跟踪培养不够，学生感到在婚姻、发展等方面束缚太多，影响较大，逐渐产生了职业倦怠感。为此，灵活性不够的定向就业方式和较长的工作年限在一定程度上限制了学生职业生涯发展。

（三）继续深造用人单位认可支持不够

用人单位对公费师范生回母校读研支持度不高，对其继续深造所获得学历学位在职称评定、工作待遇等方面给予的支持力度与重视程度不够。调研中学生反映用人单位对学生回校读研支持的积极性不高，存在对其取得的学历学位不认同或不重视现象。具体来说，用人单位担心学生回校读研影响工作，还有部分单位认可该学历学位，但不将其列为职称评定与职务晋升的重要指标，学生的工作年限和学校所要求指标符合即可参加评定、获得晋升，所获学历学位形同虚设。这也是个别公费师范生放弃继续攻读教育硕士的重要原因之一。

（四）学生培养过程刚需保障考虑不足

六届公费师范生突出建议问题还体现在后续培养阶段高校课程安排、用人单位跟踪培养、工资待遇以及学生读研费用支持等刚需保障方面。调研中关于后续培养阶段高校课程时间、内容安排等，学生希望加强课程的完善与融合以及体系化建设，提供专题性授课、实践教学指导、实用教学方法等方面的实战技能指导；关于工资待遇和读研费用问题，学生们认为费用过高，对于刚刚参加工作一两年的家庭困难生来说，还是有些力不从心，部分学生希望政府、高校和单位能持续跟踪关注，减少或减免公费师范生读研费用。在工资待遇方面，学生反馈意见逐年减少，但还是有地域等方面的差异，学生希望相关部门在职称评聘、职务晋升、工资待遇等方面对其所取得的教育硕士学位和研究生学历给予充分且合理考虑。

以上相关问题均是六年追踪研究过程中反馈的问题，随着国家对公费师范生教育的重视和发展，体制机制、就业年限、后续培养等问题都得到了完善与修订。如就业年限已由已往政策中要求的 10 年修改成 6 年。

二、公费师范生就业政策执行的问题原因分析

（一）公费师范生职后职业发展困惑多

首先，体现在繁杂的工作在一定程度上制约了公费师范生的学习成长。具体来说，学生入职后存在过度开发、后续培养不足的问题，专项的培训提升机会较少，他们渴望有拓宽视野和开阔见识的机会与平台；当班主任、上课等多项繁杂必做的工作，使他们投入教学创新的精力较少，在所就职单位相关专业组组长的长期引领下，他们的教学思路与教学模式逐渐被同化和固化。这影响着公费师范生的学习。其次，体现在能力危机与本领恐慌方面。具体来说，公费师范生在教学中存在班级管理经验与教育技术技能不足、教师基本功不够扎实、心理健康教育知识缺乏、与不同学生和不同家长的沟通能力不足，以及处理各类特殊与突发事件的应知应会知识与应变能力等不足的问题。

（二）公费师范生研究生学历认同不够

调研中我们发现，大部分区域、大部分市区县存在所获研究生学历教育硕士专业学位与其职务晋升、工资待遇不挂钩，原因是其所获证书为非全日制学历证书，没有显示出攻读其学历学位的优势；受刚入职后逐年带班等繁杂工作因素以及生育等个人因素的综合影响，加之获取研究生学历学位的时限比正常评职时间还要长，一些学生不得不放弃继续攻读研究生学历学位；

获取研究生双证较为困难；网络课程虽然较好，但学生入职第一年受多方因素影响根本没有时间进行系统学习。

（三）公费师范生存在功利与短视观念

调研中我们发现，部分学生认为读硕士需要经费支出，且与职务晋升、工资待遇关系不大，还不如个人在外开办辅导班赚钱快，存在仅看眼前和短期利益的现象；少部分学生持研究生学历硕士学位无用论观念，现实工作中教育硕士学习和学历学位不能给其带来任何实际利益，所以部分学生放弃了继续学习的机会。

（四）公费师范生提出的其他相关原因

虽然各地解决编制的情况总体较好，但公费师范生政策实施近 10 年来，一些区域和一些单位仍存在没有编制、等编的现象；部分基层教育管理部门工作人员对公费师范生政策认识了解不够，甚至存在不知道的情况；大学所学知识和微格教学课较为模式化，所用教材与所教方法不具有普适性，存在南北差异问题，有些教材仅适用本地域学校和学生就业。

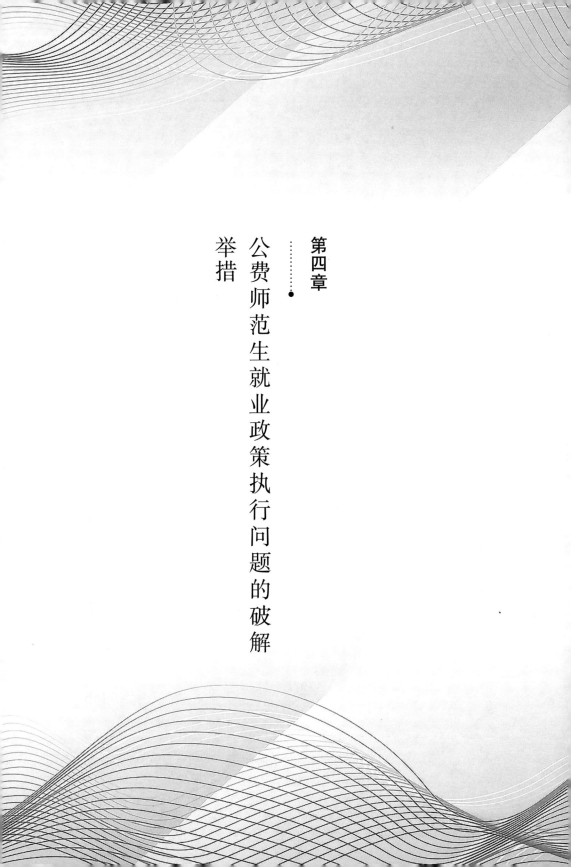

第四章

公费师范生就业政策执行问题的破解举措

第一节　公费师范生就业政策执行问题审思[①]

公费师范生政策实施 10 余年来，整体成效显著。学生就业状况总体良好，对各方满意度与认同度较高；用人单位对公费师范生群体反馈总体良好，对学生认可度与满意度较高；政府相关职能部门积极作为，妥善落实相关工作。据统计，六所直属师范大学已为国家培养了上万名公费师范生，充实了我国基础教育教师队伍，提升了教师质量。但由于没有系统且全面地调查研究实际情况，在实施过程中也出现了一些现实问题：一是各省市教育行政部门重视程度、政策了解与落实程度存在差异等；二是直属师范大学在公费师范生职前职后培养上还有进一步提升的空间；三是学生在服务年限、工资待遇、退出机制、跟踪培养等方面意见较大；四是学生个人存在教师基本功、班级管理、人际沟通、心理健康教育等知识与能力储备不足等问题。为此，针对这些现实问题，政府、高校、用人单位、学生四方主体，如何在顶层设计、系统实施、协同创新和累积发展上同向同行，不断地推动公费师范生工作的可持续发展，是值得深思的。

一、政府层面

政府作为公费师范生政策制订、完善和督办主体，应重点加强公费师范生政策与配套制度的完善工作。具体来说，一是进一步明确各级政府教育部门的职责职能，避免政策落实中的管理真空问题，如建立公费师范生报考、培养、就业、跟踪等纵向培养工作机制，政府牵头与基层教育单位、高校等建立横向联合机制，通过层层签订协议、定期互通交流等方式明确其责权，做好信息对接与经验交流。二是针对学生较为关注的跨省就业、从教年限过长、退出机制等问题，给予现实关切，特别要为其建立公费师范生准入和退

---

① 商应美，于爽. 免费师范生就业政策执行跟踪研究：现状、成效、举措. 东北师大学报（哲学社会科学版），2018（5）.

出机制，让真正想立志从教的学生成为一名光荣、优秀的人民教师或教育家，让因个性特征、能力水平、升学出国等因素不适宜做教师的学生提前或适时退出，选择从事适合自己的工作。三是做好公费师范生的各项保障工作。各级政府部门要通过及时督办、跟踪服务、加强宣传等方式，按照政策要求落实公费师范生编制、工资待遇、职后培养等，为其职业发展提供必要的条件保障，为他们营造良好的工作环境与氛围，让他们安心、舒心地全情投入工作。四是创新公费师范生工作模式，实现政策执行的灵活性。如采取后免费或后定向的方式，通过给予学生更大的就业自由选择空间，让他们综合考量自身兴趣、个性特征、家庭期望等多个因素后，在大学期间的特定阶段做出最后的理性抉择。这样既能让国家选出真正立志从教的学生，也为一些有升学与深造等其他职业发展需求的学生提供了选择空间，解决了在校期间明确学生就业去向不利于学生学习等诸多现实问题。

二、高校层面

高校作为就业政策实施的又一主体，即公费师范生培养主体，应重点为公费师范生未来成为优秀的人民教师、教育家做好职业理想信念教育引导，并为其筑牢知识与能力基础。具体来说，一是加强公费师范生价值与意义的教育与引导工作，引导他们坚定教师职业理想信念，树立岗位创业意识，立志长期从教、终身从教，到祖国最需要的地方去，为祖国的教育事业奉献青春与智慧。二是加强公费师范生在学期间的专业知识、教育学、心理学、管理学等综合知识的学习，为他们打下坚实的知识基础，特别是要结合当前东中西部地区基础教育在课程设置、教材选用、学生培养等方面的差异，进行有针对性的知识教授，切实做到学之所需、学以致用。三是加强公费师范生教师基本功、实践教学、班级管理、人际沟通等教育教学能力和综合素质的培养与锻炼，为其尽快适应工作岗位奠定全面的能力与素质基础。四是实施校府深度合作，进行资源整合与平台搭建。特别要加强高校与公费师范生生源省份的合作，定期开展教育见习，建立长期实习基地，为各省公费师范生提供实践、实习与就业全程的切实服务和保障。五是完善在职教育硕士课程体系，在课程内容、培养方案、奖助学金等方面做好公费师范生在职教育培养工作，为全面提升其一线教育教学技能提供切实的帮助与指导。六是加强公费师范生就业工作现实问题的调查研究，为国家、政府、学校科学决策提供智库支持。

三、用人单位

用人单位作为公费师范生后续培养和发展主体，应重点为公费师范生后续培养与职业发展提供平台与保障。具体来说，一是用人单位可以通过岗前实训、专业小组集体备课、新老教师的经验交流、朋辈之间的不定期听课与交流学习等方式，为公费师范生就业后的教师基本功与能力锻炼提供实战机会；二是用人单位应重视公费师范生的工资待遇、编制落实、住房、在职攻读研究生等保障与支持工作，关心他们的婚姻、家庭等个人生活问题，坚持用事业留人、用情感留人的原则，为他们提供一个安心、舒心、暖心的工作环境与发展空间；三是用人单位可通过诸如教学奖、育人奖等一系列激励机制，鼓励公费师范生坚定从教信念，积极进行岗位创业，在祖国的教育一线贡献力量；四是用人单位也要积极主动与政府、高校建立合作关系，为公费师范生后续职业能力与素质提升创造条件、搭建平台。

四、学生本人

学生作为国家公费师范生政策的受益主体，在建设创新型国家的大背景下，应牢固树立岗位创业意识，通过个人在岗位上创新性与创造性的工作，在祖国的教育一线建功立业。具体来说，一是在报考前，学生应做好与家长等人员的沟通与交流工作，全面了解与公费师范生相关的政策和要求，根据个人未来的职业价值取向与兴趣爱好，切实明确自身未来的职业发展方向，避免盲目报考；二是在就读期间，坚定立志从教信念，做好大学四年的学习与工作规划，为未来就业创业储备知识与能力，特别是专业与教育教学等知识的学习以及语言表达能力、文字书写能力、班级管理能力、人际沟通能力等；三是在就业期间，要主动出击，积极了解国家及各省最新就业政策，做好职前的准备工作，争取找到适合自己的工作；四是在工作期间，一方面要在岗位上开拓工作，做好教书育人的本职工作，另一方面要提前做好读研的准备工作，尽自己最大努力克服"学习与工作难以协调""学习质量难以保证"等现实困难。

第二节　公费师范生就业政策执行解决对策①

通过前期对公费师范生群体就业现状调研分析与问题原因归纳梳理，本节从整体上对问题进行思考，提出以下四方面的对策与建议：一是营造尊师重教的舆论氛围与价值导向，二是促进公费师范生就业政策的完善与调整，三是加强公费师范生培养的体制机制建设，四是优化公费师范生不同培养阶段的重点。

一、营造尊师重教的舆论氛围与价值导向

党和政府始终重视教师工作与师范教育。2007 年，国家在教育部直属六所师范大学实行师范生公费教育试点。同年温家宝总理在政府工作报告中正式提出这个举措，并详细说明了此项举措的重大意义。他说："这个具有示范性的举措，就是要进一步形成尊师重教的浓厚氛围，让教育成为全社会最受尊重的事业；就是要培养大批优秀的教师；就是要提倡教育家办学，鼓励更多的优秀青年终身做教育工作者。"这是落实科学发展观、构建社会主义和谐社会、落实教育优先发展战略、促进教育质量提高的重大举措，具有深远意义。2014 年，习近平总书记在教师节前夕同北京师范大学师生代表座谈时说："百年大计，教育为本。教育大计，教师为本。努力培养造就一大批一流教师，不断提高教师队伍整体素质，是当前和今后一段时间我国教育事业发展

①　商应美. 免费师范生就业政策实施 10 周年追踪研究：以东北师范大学五届免费师范生为例. 教育研究，2017（12）；商应美，于爽. 免费师范生教育硕士就业跟踪调查研究：写于我国免费师范生政策实施 10 周年之际. 中国青年社会科学，2017（6）.

的紧迫任务。"2017 年，公费师范生政策已实施 10 周年，通过持续 5 年的跟踪发现，政策成效是显著的，10 年来共有上万名公费师范生充实到我国基础教育战线，建功立业，一些学生已成为单位的骨干力量。

师范教育是教育事业的工作母机，是基础性和关键性工程。为此，当前面对国家新的历史发展时期，在全社会形成尊师重教的良好氛围与价值导向至关重要。首先在思维意识层面要有共识，即优先发展教育战略共识。当今世界，科学技术发展日新月异，国际竞争日趋激烈。国家间的竞争归根到底是人才的竞争，而教育是培养人才和增强民族创新能力的基础。上到国家、下到全民都必须达成共识，就是必须把教育放在社会主义现代化建设优先发展的战略地位。当前提高教育质量、推行素质教育、实现教育公平是基础教育最重要的任务，而这些任务的完成关键靠教师。没有一支高质量的教师队伍，这些重要任务和诸多有效举措都是无法实现的。因此，政府要重视教育，把教育放在优先发展的战略地位，全社会都应该树立尊师重教的风尚。国家要重视师范教育，把培养优秀教师作为发展教育的根本，国家要让懂教育规律、会运用教育艺术的教育家来办教育。政府要用公费师范生等有效政策来吸引优秀青年上师范、当教师，并立志终身从事教育工作。其次在制度设计层面要求精细，即以问题为导向，解决该领域"最后一公里"的问题。具体来说，一是以问题为导向，解决影响教师形象和社会声誉的不良现象。从社会大环境看，近些年来出现一些学校乱收费、有些教师家教辅导高收费等情况，严重影响了教育行业和教师的社会声誉。为此，我们应通过加强教师队伍建设，提高教师思想与业务能力水平，规范教师的行为来根除这些不良现象。二是从体制机制层面，切实解决公费师范生教育"最后一公里"的问题，即做好舆论宣传与引导工作，多途径、多媒介宣传师范生公费教育政策 10 年来示范性引领所取得的可喜成绩；切实落实好公费师范生政策，对服务年限等一些争论较大、不切合学生实际的政策做必要调整、完善与修订；要进行细致的制度设计，从招生、培养、就业、职后等学生生涯发展环节入手，对立志从教的学生进行全方位、全过程的教育与引导，让每一位学生、每一个家庭了解公费师范生政策的重大意义与崇高使命；要做好典型选树工作，通过多维度、多视角以点带面的辐射影响与带动引领，在全社会营造尊师重教的良好氛围，让尊师重教的良好风尚深入人心、深入民众。

二、促进公费师范生就业政策的完善与调整

调研中我们发现：六届公费师范生对定向就业、服务年限、深造诉求、政策落实、课程安排及读研保障等方面都有一些建议和合理诉求，特别是在服务年限、读研保障等方面的争议和意见较大。为此，加强公费师范生就业政策的完善与调整非常必要。重点谈三方面就业政策调整建议：首先，在定向就业方面，采用灵活方式在高中报考前签约，在大学适当阶段有准入和退出机制，选拔出真正立志从教的学生充实基础教育战线。其次，在服务年限方面，通过对六届公费师范生调研发现，服务年限最好在 4～6 年，这样方便学生因个性特征、婚姻发展等个人原因及时退出并重新做好个人职业生涯的规划与调整。最后，在读研保障方面，学生希望在其攻读教育硕士期间用人单位能在读研经费、工作安排等方面给予大力支持，希望相关职能部门能够在职称评聘、工资待遇等方面对教育硕士学历给予政策上的认可并做好职后跟踪培养工作，希望高校调整培养时间，选择在入职第一年暑期这个时间开始更符合公费师范生的工作实际，因为那时他们的时间相对充裕，不会受带高三和结婚生子育子等客观因素的影响。此外，应将政策中不符合学生工作生活实际的内容根据新形势做出适当且合理的修订，体现政策的灵活性，让政策实施过程更符合或尽可能满足愿意终身从教的公费师范生的实际情况，让他们安心、舒心地在教师岗位上全身全情投入，为培养更多的优秀教师和教育家做好相关保障和顶层谋划工作。

三、加强公费师范生培养的体制机制建设

当前，要想从根本上加强公费师范生培养的体制机制建设，需要我们从整个国家师范教育体系出发来思考并做好公费师范生培养的顶层设计，即要根据中国国情和师范教育传统，打造具有中国特色的师范教育体系。重点从两个方面入手：一是重建师范教育体系，切实解决既"留得住"又"用得上"

的师资缺乏问题。首先借用邓小平同志的"共同富裕理论",从政策上允许六所部属师范大学的学生到城镇以上重点学校任教,让这些优秀师资队伍重点发挥典范引领与辐射影响作用,同时要求六所部属师范大学采用"4+1""4+2"等模式,重点培养研究生阶段的高中教师。其次要结合省情市情充分发挥地方师范院校的作用,采取地方公费师范教育政策,将这些地方师范院校定位为重点培养地方性的小学、初中、乡村教师。这些体制机制的建设举措既解决了部属师范大学培养的优质师资充实基础教育时向省会和中心城市过度集中的问题,也解决了服务年限过长给这些青年学生带来的因婚姻与职业发展长期滞后而产生的困惑压力与留不住等问题,特别是乡村教师队伍不足的问题。二是加强师范教育职前职后教育一体化建设。具体来说,首先要做好职前培养工作。在公费师范生一进师范校门时,通过搭建各级平台,借助各类载体,增加公费师范生的实习见习机会与时间,让他们充分接触中小学校,接触学生。其次要做好职后培养工作。教育主管部门和基础教育单位都有责任通过入职培训、职后进修、职后竞赛、研讨交流、教研室制度、出国访学等途径,全方位做好公费师范生的职后培养教育与引导指导。

四、优化公费师范生不同培养阶段的重点

教师职业具有应用性强的特点,不能完全用学术性思维去培养。同时,学科知识也应得到重视,教师要有扎实的学科知识,了解学科发展的前沿,掌握传授知识的艺术,这样才能上好课。教师只有上好课,才能赢得学生的尊重与喜爱。然而,当前一些师范院校为与综合大学比拼学术水平,提升学校竞争力而重点强调其学术性,却忽视了本身所具有的师范性,顾此失彼,导致学生在业务能力上没在达到学科要求与专业水准,缺乏必要的职业训练。基于此,只有优化公费师范生培养体系,坚持学科性与师范性并重、专业性与职业性并举的原则,才能培养出合格且优秀的人民教师。

具体来说,在公费师范生本科培养阶段,注重针对学生需求来开展课程体系建设与思想引领教育方面的科学谋划与系统设计。首先,针对学生的共性需求,加强学生教育教学基本原理、基础知识、基本技能的训练与培养。

如微格教学、三字一画、见习实习等。其次，针对学生的个性需求，尽量满足学生因地域差异、个性差异而形成的特殊需求。如因南北与东西地域差异而造成的基础教育现实差异，六所部属师范大学的学生在教材选用、方式方法等方面需要不同的训练与指导。最后，全面加强本科公费师范生在班级管理、组织协调、人际沟通、心理引导等方面的综合能力与综合素质的培养，以适应未来工作岗位的各种需求，特别是班级管理、突发事件应对，以及与学生和家长沟通艺术的学习，在学生不同年级阶段邀请一线名师循序渐进地进行指导。另外，除为学生提供规定的实习机会外，要指导学生结合自身需求利用假期进行必要的实习见习锻炼。

在公费师范生硕士培养阶段，针对学生群体需求与工作特点，注重在前期本科培养阶段理论与实践的基础上，做进一步的深度融合指导。首先，在硕士培养阶段课程体系与论文指导等方面要与基础教育一线实践密切关联，要多通过以案例为载体的集体讨论和合作学习的方式来实施，并在学习资源与学业指导等方面给予学生充分的指导、关注与支持。其次，要增加互动交流环节，进行全面多样的调查研究，切实了解公费师范生在职学习的各种困惑与不同需求，针对学生需求及时调整和完善公费师范生的培养方式与培养内容等。

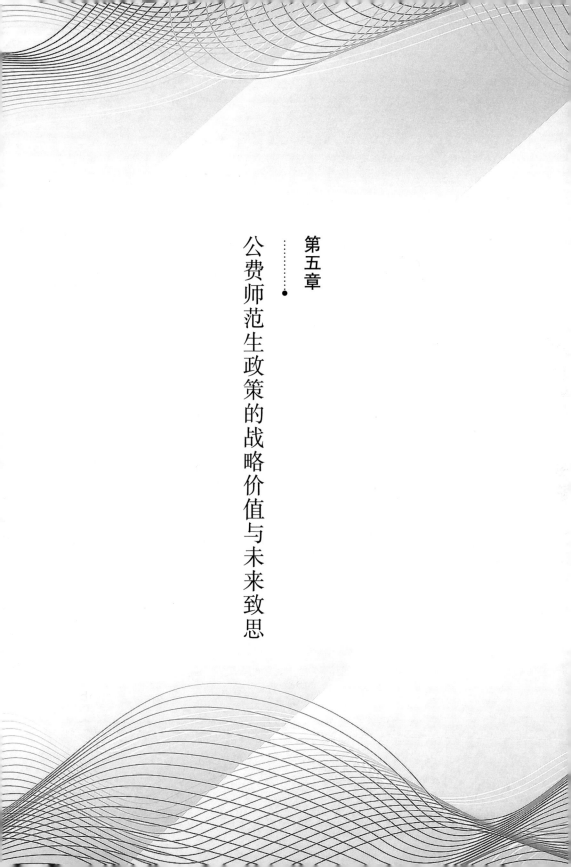

第五章

公费师范生政策的战略价值与未来致思

习近平总书记在全国教育大会上指出，教师是人类灵魂的工程师，是人类文明的传承者，承载着传播知识、传播思想、传播真理、塑造灵魂、塑造生命、塑造新人的时代重任。公费师范生政策是国家 2007 年在六所部属师范大学实施的一项师范生免费培养政策，旨在培养大批优秀教师，其目标是提倡教育家办学，鼓励更多的优秀青年终身做教育工作者。经过十余年的试行，2018 年国务院又颁布了《教育部直属师范大学师范生公费教育实施办法》。该办法指出，建立健全师范生公费教育制度，是《关于全面深化新时代教师队伍建设改革的意见》部署的改革举措，目标是培养大批有理想信念、有道德情操、有扎实学识、有仁爱之心的"四有"好老师，强化教师承担的国家使命和公共教育服务的职责，吸引优秀人才从教，进一步形成尊师重教的浓厚氛围，让教师成为令人羡慕的职业。该办法从选拔录取、履约任教、激励措施、条件保障等方面，对师范生公费教育政策予以改进和完善。其中特别提出将"师范生免费教育政策"调整为"师范生公费教育政策"，并规定公费师范生免缴学费、住宿费和补助生活费，履约任教服务期调整为 6 年，毕业后安排就业并保证入编入岗等政策做了更加细致的要求。

随着时代的发展和国家教育战略的新变化，特别是 2018 年，我国相继颁布《关于全面深化新时代教师队伍建设改革的意见》和《教师教育振兴行动计划（2018—2022 年）》等系列教育新战略与新举措，必须将公费师范生教育政策置于中国特色社会主义事业整体布局中加以考虑，充分考虑其发展完善对中国特色社会主义教育事业发展的重要意义，特别是在促进教育公平深度实现、助力教育公平问题解决和完成立德树人根本任务等方面的战略价值。立足新时代，公费师范生教育政策的发展一方面要积极回应中国特色社会主义教育发展实际和人民诉求，办好公平而有质量的公费师范生教育；另一方面要以公费师范生教育发展实践中的问题为突破口，实现新时代公费师范生教育及政策的新发展。着眼未来，公费师范生教育信息化在促进教育现代化方面作用显著，随着我国日益走近世界舞台中央，以及改革开放的不断深入，公费师范生教育对外开放助力发展的趋势增强，以及各国之间比较研究和交流合作的增多，部属师范院校和地方师范院校之间的差距、公费师范生研究生培养的公平问题将得到妥善解决。因此，本章将围绕新时代公费师范生政策的战略价值和未来致思展开论述与研究，以期为公费师范生教育及政策的发展完善提供思路。

第一节　新时代公费师范生政策的战略价值

党的十九大报告提出了中国发展新的历史方位，即中国特色社会主义进入了新时代。这是一个重大判断，是从党和国家事业发展的全局视野、从改革开放 40 多年历程和党的十八大以来所取得的历史性成就的方位上，所做出的科学判断。对于中国特色社会主义教育事业发展而言，必须立足新时代、新形势、新要求，对教育事业发展做出审思与判断。公费师范生政策是 2007 年党和国家立足中国基础教育发展情况而做出的重大决策，目的在于吸引更多优秀人才从教，建设一支高素质、专业化的教师队伍。10 余年来，公费师范生政策在前期预定目标取得了一定成效，然而立足新时代必须谋求新发展，因此对其战略价值定位做出当代观照的审视就彰显出客观必要性与特殊重要性。本部分就是从这一立意出发，站在新时代国家教育战略视角，对公费师范生政策在促进教育公平实现、教育扶贫代际传承、立德树人作用发挥等层面的战略价值与现实意义重新进行分析，以期为国家教育战略的制定与教育自信的确立提供借鉴，为全面推进我国教师教育改革发展、全面提高教师队伍质量、深度有效解决代际贫困等问题提供示范。

一、公费师范生政策适时促进了教育公平的深度实现

当前，中国特色社会主义进入了新时代，开启全面建设社会主义现代化国家的新征程。党的十九大结合党和国家发展的总体部署和微观形势，做出了我国社会主要矛盾已经转化为人民日益增长的美好生活需要和不平衡不充分的发展之间的矛盾的重大政治论断，同时对党和国家的工作提出了许多新要求，这就必然导致新时代各个领域、各项工作在发展重点、发展战略乃至

发展方式方面的一系列改变。就教育领域而言，最重要的就是积极回应人民对公平而有质量的教育的迫切向往，在继续推动发展的基础上，着力解决好教育领域发展不平衡不充分的问题。按照新的发展理念，必须大力创新人才培养方式，全面提高教育质量，以更好满足人民日益增长的公平、优质教育需要，从而更好地推动人的全面发展、社会的全面进步。兴国必先强师，这就使国家、社会对建设高素质专业化创新型教师队伍有了更高的要求。而部属师范大学的公费师范生则是中小学教师补充的优质来源，是国家建设高素质教师队伍的重要源头活水。面对新方位、新征程、新使命，师范生免费教育已成为国家培养高素质教师队伍、促进教育公平深度实现的一项重要举措[①]。

（一）优质师资配备政策要求上适时促进了教育公平的深度实现

促进教育公平是当前我国义务教育的战略重点之一，如何将这一人民最关心最直接最现实的民生问题解决好是我国教育战略布局必须首先思考的问题。具体来说，当前教育公平集中体现在教育资源的均衡分布，而教师资源则是教育资源中最重要的组成部分，解决好教育公平问题的关键之一就是均衡分布优质师资。目前，我国城乡师资，特别是优质师资分布不均情况较为严峻，亟待妥善解决。而公费师范生政策在自 2007 年颁布至今 10 余年的实施历程中，吸引了一大批优秀人才加入教师队伍，且这些学生大多数扎根在基础教育战线，投身基础教育事业，特别是边远、贫困地区的教育事业，贡献了其青春与智慧，一定程度上解决了优质师资的分布不均问题，赢得了社会各界的广泛关注和积极认可，取得了阶段性的成效，为优质师资分布问题的进一步解决提供了良好的实践基础。具体而言，2007 年颁布的《教育部直属师范大学师范生免费教育实施办法（试行）》规定：从 2007 年秋季入学的新生起，北京师范大学、华东师范大学、东北师范大学、华中师范大学、陕西师范大学和西南大学六所部属师范大学实行师范生免费教育；免费师范

---

① 实施师范生公费教育，吸引优秀人才从教：教育部有关负责人就《国务院办公厅关于转发教育部等部门教育部直属师范大学师范生公费教育实施办法的通知》答记者问. (2018-08-10). http://www.moe.gov.cn/jyb_xwfb/s271/201808/t20180810_344982.html.

生入学前与学校和生源所在地省级教育行政部门签订协议，承诺毕业后从事中小学教育十年以上。到城镇学校工作的免费师范毕业生，应先到农村义务教育学校任教服务二年。2018 年，国务院办公厅颁布了《国务院办公厅关于转发教育部等部门教育部直属师范大学师范生公费教育实施办法的通知》，其中第七条指出："公费师范生毕业后一般回生源所在省份中小学任教，并承诺从事中小学教育工作 6 年以上。到城镇学校工作的公费师范生，应到农村义务教育学校任教服务至少 1 年。国家鼓励公费师范生长期从教、终身从教"。公费师范生履约任教服务年限的变化是国家根据现实形势发展和公费师范生诉求做出的科学性、人性化的调整，目的是吸引更多的优秀人才加入教师队伍，并使其能够安心从教。但是，这些规定不管时限如何要求，都客观地决定了公费师范生政策在我国农村地区、贫困地区的优质师资培育与输送上发挥了至关重要的作用，在一定程度上适时地促进了在优质师资配备方面教育公平的深度实现。

（二）优质师资配备质量输送上适时促进了教育公平的切实实现

公费师范生政策在优质师资配备质与量的输送上都切实促进了教育公平的深度实现。重点体现在四个层面：首先，在培养单位质量上，教育部直属的六所师范大学直接承担国家这一教育战略举措任务，彰显了国家教育战略谋划的高度定位和坚强决心，六所部属师范大学在长期的发展中制定了比较明确的培养目标、系统完整的课程体系、科学合理的培养模式和优质高效的师资队伍，此外，国家教育优质资源的倾斜与各项教育政策的扶持、教学科研项目的推进等保证了六所部属师范大学人才培养的质量在总体人才培养中占据优势地位。其次，在人才招生选拔上，规定师范类专业安排在普通高校招生本科提前批次录取，且在招生录取过程中重点考察学生的综合素质、职业倾向和从教潜质，最终择优选拔乐教、适教的优秀高中毕业生加入公费师范生队伍，以保证这些被录取的公费师范生均为各地区最好学校的最优秀的学生。再次，在人才培养环节上，无论是在本科培养阶段还是在教育硕士培养阶段，培养单位都是集结最优质的专业导师团队对公费师范生的专业基础知识、教师技能技巧、综合素质能力等方面进行全方位、全过程的培养与指导。另外，用人单位在后继跟踪培养上，通过岗前实训、专业小组集体备课、新老教师的经验交流、朋辈之间的不定期听课与交流学习等方式，为公费师范生就业后的教师基本功与能力锻炼提供各类实训实战机会，为其后续职业能力与素质提升创造条件、搭建平台，切实地确保公费师范生的培养质量。最后，在人才输送数量上，截至 2017 年，已累计招收公费师范生 10.1 万人，在校就读3.1 万人，毕业履约 7 万人，其中 90％ 到中西部省份中小学任教，受到了地方教育行政部门、基层学校、学生家长的热烈欢迎①。在这一层面，公费师范生政策在优质师资配备数量结构上切实地发挥了教育公平的导向作用。

二、公费师范生政策适时成为教育扶贫的战略举措

为贯彻党的十八大精神，落实中央扶贫开发工作会议要求和《中国农村扶贫开发纲要（2011—2020 年）》《国家中长期教育改革和发展规划纲要（2010—2020 年)》的战略部署，充分发挥教育在扶贫开发中的重要作用，教育部等七部委颁布了《关于实施教育扶贫工程的意见》（简称《意见》）。《意见》提出，"落实国家扶贫攻坚总体部署，把教育扶贫作为扶贫攻坚的优先任务"。《意见》不仅从宏观上对教育扶贫工作的体制机制、试用范围、实施阶段等做了全方位的规定，而且从微观上对教育扶贫工作的经费投入、招生就业、对口支援、资助帮扶等工作也做了具体要求。这些系列战略部署与具体举措的逐一推进，足见国家对教育扶贫工作的重视程度与坚定决心。在这一大背景下，公费师范生政策在国家教育扶贫工程中适应其要求，有效地成为教育扶贫工作推进过程中的重要战略举措之一。公费师范生政策在教育扶贫中的重要作用体现在三个层面。

（一）在两类政策②规定要求上的高度契合性

党的十八大以来，党和国家已经采取了一系列措施，在着力推动贫困地

---

① 实施师范生公费教育，吸引优秀人才从教：教育部有关负责人就《国务院办公厅关于转发教育部等部门教育部直属师范大学师范生公费教育实施办法的通知》答记者问. (2018-08-10). http://www. moe. gov. cn/jyb_xwfb/s271/201808/t20180810_344982. html.

② 两类政策是指"教育扶贫工程政策"和"公费师范生政策"，本部分旨在对两类政策在战略谋划与举措上的契合性进行论证。

区教育事业发展、教师队伍素质能力提高，让贫困地区每一个孩子接受良好教育等方面取得了良好效果。这一现实成效的取得有赖于党和国家研究制定的一系列政策，其中《意见》与公费师范生政策在优质师资的倾斜与转移方面发挥了重要作用。具体来说，《意见》指出：鼓励教师到片区从教。实施好边远贫困地区、边疆民族地区和革命老区人才支持计划教师专项计划，选派优秀教师到连片特困地区支教，推动地方开展城乡教师交流活动并形成制度。鼓励免费师范生到片区从教。与公费师范生政策相关规定高度契合，公费师范生最新政策规定："到城镇学校工作的公费师范生，应到农村义务教育学校任教服务至少 1 年。"① 截至 2017 年，已累计招收 10.1 万公费师范生，其中已有 7 万学生毕业履约，且 90％的毕业生到中西部省份中小学任教②。例如，东北师范大学公费师范生研究数据显示：五届学生毕业签约地区相对集中。虽在我国东部、中部和西部三个地区均有分布，但在中部地区省份的居多（约占 50％），其次是西部地区（约占 30％）③。从这一意义层面来看，《意见》中的教育扶贫工程政策较为侧重从在职教师中选派教师、开展交流活动以推动地区教育均衡发展，公费师范生政策则强调直接为农村、边远地区基础教育事业培养人才，鼓励学生扎根贫困地区从事教育事业，目的性更加明确，但是不论这两类政策的具体规定如何，其都关注到优秀教师资源对于边远地区、贫困地区基础教育事业的重要价值，并支持、鼓励优秀人才到祖国需要的地方建功立业。

（二）在阻断贫困代际传递上的独特传承性

习近平总书记指出，到 2020 年全面建成小康社会，最艰巨的任务在贫困地区，我们必须补上这个短板。扶贫必扶智。让贫困地区的孩子们接受良好

---

① 国务院办公厅关于转发教育部等部门教育部直属师范大学师范生公费教育实施办法的通知. 中国政府网，2018-07-30.

② 实施师范生公费教育，吸引优秀人才从教：教育部有关负责人就《国务院办公厅关于转发教育部等部门教育部直属师范大学师范生公费教育实施办法的通知》答记者问. (2018-08-10). http://www.moe.gov.cn/jyb_xwfb/s271/201808/t20180810_344982.html.

③ 商应美. 免费师范生就业政策实施 10 周年追踪研究：以东北师大五届免费师范生为例. 教育研究，2017（12）：141-146.

的教育，是扶贫开发的重要任务，也是阻断贫困代际传递的重要途径。党和国家已经采取了一系列措施，推动贫困地区教育事业不断发展、教师队伍素质能力不断提高，让贫困地区的每一个孩子都能接受良好的教育，实现德智体美劳全面发展，成为社会的有用之才。

公费师范生政策实施 10 余年来，为基础教育阶段培养了一批又一批优秀人才，无数教师立志扎根西部、服务学生，努力做教育改革的奋进者、教育扶贫的先行者、学生成长的引导者，为贫困地区教育事业发展、为祖国下一代健康成长做出了突出的贡献。公费师范生政策在优先发展教育，从根本上阻断贫困代际传递这一层面发挥了重要作用。具体来说，一是以部属师范大学师范生公费教育政策推进为例。公费师范生中有相当比例的学生来自贫困地区或贫困家庭。例如，东北师范大学五年公费师范生跟踪调研显示：五届学生来自乡镇以下生源比例在 50.0%～62.5%，其中乡村生源比例在 30.0%～38.5%[①]。这一教育扶贫战略举措的实施，使这一群体中的贫困家庭状况得到了缓解甚至彻底解决。二是公费师范生四年学有所成投身基础教育事业，特别是那些到祖国最需要的地方就业的学生，以身示范，终身从教，传承优良师德品质，引领了一代又一代贫困地区的学子立志从教。可见，以部属师范大学为试点的公费师范生政策在一定程度上已在国家教育扶贫工作中发挥了独特价值与传承作用，特别是使部分贫困地区贫困家庭的孩子获得了接受优质教育资源的机会，还影响并带动就业地区贫困家庭学子通过教育努力脱贫，有效地发挥了教育在阻断贫困代际传递上的作用，在帮助一代又一代寒门学子圆大学梦方面影响深远，社会效果显著。

（三）在高素质教师队伍建设上的榜样示范性

公费师范生作为国家高素质教师队伍的重要组成部分，在助力贫困地区教师队伍建设与素质整体提升，改善和均衡薄弱地区优质师资配置，特别是地方公费师范生政策的制定、出台与实施等方面，均发挥了特有的示范作用。

---

① 商应美. 免费师范生就业政策实施 10 周年追踪研究：以东北师范大学五届免费师范生为例. 教育研究，2017（12）：141-146.

一是在助力贫困地区教师队伍建设与素质整体提升方面，切实发挥了教育在打赢脱贫攻坚战中的重要作用。截至 2017 年，已毕业履约的 7 万名左右部属师范大学公费师范生中，有 90％的毕业生已到中西部省份中小学任教，许多中西部地区中小学实现了接收北京师范大学、华东师范大学等高校毕业生"零的突破"①。这些公费师范生在六所部属师范大学享受过国家最优质的教育资源，接受了最优秀的师资团队的教育，他们年复一年地投入国家基础教育事业，为地方带去了先进的教育理念和教学经验，并补充了优秀教师队伍。同时，在助力贫困地区基础教育事业，引领地方教师队伍的整体素质与整体水平提升方面也发挥了区别于"特岗计划、国培计划"等教育举措所特有的示范作用。二是部属师范大学公费师范生政策的成功经验，为地方政府制定、出台和实施政策，以及地方师范院校人才培养探索等诸多方面都起到了典范引领与辐射影响的作用。在这一层面，公费师范生政策在教育扶贫工作中的特殊作用发挥得更加深入与切实。截至当前，在部属师范大学公费师范生政策的引领下，河北省、山东省、四川省、广东省、江西省、云南省、内蒙古自治区和重庆等 28 个省份，河北师范大学、山东师范大学、曲阜师范大学、齐鲁师范大学、华南师范大学、云南师范大学等地方师范院校已经通过在学免费、上岗退费等方式探索并实施了地方公费师范生政策，每年吸引 4 万名高校毕业生直接到农村中小学任教。地方公费师范生教育政策的实施激发了青年大学生为祖国基础教育事业奉献青春的热情，吸引了优秀青年投身农村教育事业，充实了农村地区的师资力量，优化了乡村教师的队伍结构与素质，让更多的优秀教师扎根乡村、服务乡村，成效显著②。

可见，两类公费师范生政策作为教育扶贫长效机制的一部分，在助力地方贫困地区教师资源改善与均衡配置，探索高端优质教师人才助力脱贫攻坚，服务国家经济社会发展的新机制、新路径等方面，发挥了很大的作用，取得

---

① 实施师范生公费教育，吸引优秀人才从教：教育部有关负责人就《国务院办公厅关于转发教育部等部门教育部直属师范大学师范生公费教育实施办法的通知》答记者问. (2018-08-10). http://www.moe.gov.cn/jyb_xwfb/s271/201808/t20180810_344982.html.

② 陈宝生. 推进公平而有质量的义务教育. 人民网, 2018-08-29.

了实效。

三、公费师范生政策适时契合了立德树人根本任务要求

"立德"与"树人"自古由来已久，影响深远。最早论述"立德"的是《左传·襄公二十四年》，原文是："太上有立德，其次有立功，其次有立言，虽久不废，此之谓不朽。""树人"出自《管子·权修》，原文是："一年之计，莫如树谷；十年之计，莫如树木；终身之计，莫如树人。"现代将"立德"与"树人"结合起来，更加彰显了其教育内涵与价值。新时期我国教育改革发展的根本任务就是立德树人，立德树人是以德治国、以人为本、办人民满意的教育等国家战略的具体落实。立德之关键在于养成道德判断的自主性品质和能力，树人之关键在于培养自由、自主、全面发展的人。在这一立意上，将立德树人作为教育的根本任务，也是教育回归育人之核心要务，彰显其育人核心价值的必然要求。党的十八大就将"立德树人"列为教育根本任务，并将其提升到教育方针的高度。党的十九大又进一步明确提出："建设教育强国是中华民族伟大复兴的基础工程，必须把教育事业放在优先位置，深化教育改革，加快教育现代化，办好人民满意的教育。要全面贯彻党的教育方针，落实立德树人根本任务，发展素质教育，推进教育公平，培养德智体美全面发展的社会主义建设者和接班人。"立足新时代、新形势、新要求，教师角色较为多元、任务较为繁杂，但其核心使命则为立德树人。立德树人实际上就是要全面贯彻党的教育方针，坚持实施素质教育，培养德智体美全面发展的社会主义建设者和接班人。公费师范生教师作为国家高素质教师队伍的重要组成部分，肩负提升国家教师队伍质量和传承立德树人的重要使命。这客观上决定了公费师范生政策已成为国家的一项政治任务与战略任务。

(一) 落实了立德树人根本任务要求

党的十九大指出，我国社会主要矛盾已经转化为人民日益增长的美好生活需要和不平衡不充分的发展之间的矛盾，人民对于公平而有质量的教育的向往更加迫切。这就把教师队伍建设，特别是高素质教师队伍建设放在教育

事业发展的关键地位。公费师范生政策作为国家加强高素质教师队伍建设的一项示范性举措，在新时代落实立德树人根本任务要求上已成为国家一个重要的政治任务。党和国家高度重视我国的教师工作与师范教育。习近平总书记更是将教师视为立教之本和兴教之源，并明确指示："百年大计，教育为本。教育大计，教师为本。努力培养造就一大批一流教师，不断提高教师队伍整体素质，是当前和今后一段时间我国教育事业发展的紧迫任务。"具体来说，国家加大对师范院校的改革和扶持力度，就是要把最优秀的学生吸引到师范院校来，把最有才华的学生培养成人民教师。而在师范生教育培养的过程中，进行师德师风建设就是打造一支高素质教师队伍的内在要求和重要保障。基于此，高尚师德培养始终在公费师范生教师培养中居于首要地位。全国各地各校努力将"建设一支师德高尚、业务精湛、结构合理、充满活力"的中小学教师队伍作为教师培养和发展的重要目标，并通过各种形式全力健全师德建设长效机制，创新师德教育，完善师德规范，在学生培养的各个环节始终将社会主义核心价值观贯穿教书育人的全过程，创新形式、多举措并举地教育引导广大公费师范生教师以德立身、以德立学、以德施教、以德育德，坚持"四个相统一"，做好学生的"四个引路人"，争做"四有"好老师，为国家实现"两个一百年"奋斗目标和中华民族伟大复兴的中国梦贡献青春与智慧。公费师范生政策从源头上、过程中提高了教师的培养质量，完善了教师培养体系，为促进教师发展提供了强大的助推力，从结果上看使广大公费师范生更加明确办什么样的学校、怎样办学校、培养什么人、怎样培养人的问题，坚定了他们终身从教的意愿。从更高的站位来讲，公费师范生师德师风的教育已成为一个极具重要性和现实紧迫性的问题。

（二）代际传承着立德树人优良传统

公费师范生政策作为国家加强高素质教师队伍建设的一项示范性举措，在新时代传承立德树人根本任务要求上已成为国家的一项重要战略任务。教育是国之大计、党之大计。国家将教育纳入党的工作，足见党中央对新时代教育事业的高度重视和对教育战略地位的充分强调。教育事业是人类最崇高的事业，教师是太阳下最光辉的职业。教师不仅影响着一个学校的孩子，还影响着整个社会。公费师范生就读于国家最好的师范大学，享受着最优质的教育资源，是国家优秀师范生群体的典范与代表。作为教师队伍中最优秀且最重要的组成部分之一，这一群体在传承立德树人根本任务上发挥着重要作用。首先，从公费师范生自身来讲，一届届、一代代公费师范生投身国家教育事业，承担着传播知识、传播思想、传播真理的历史使命，肩负着塑造灵魂、塑造生命、塑造人的时代重任，是国家繁荣、民族振兴、教育发展的重要基石。这些教师以身示范，终身从教，用他们的智慧之光、仁爱之美、理想之力影响并教育一代代青年学子、祖国栋梁。其次，从国家长远发展战略来看，一届届、一代代公费师范生恰逢国家实现"两个一百年"奋斗目标的关键时期。这就在客观上决定了应把公费师范生这一特殊教师队伍的建设放在落实立德树人根本任务的战略高度来加以认识。这就要求我们在推进教育现代化、建设教育强国、实现中华民族伟大复兴中国梦的进程中，把加强公费师范生教师队伍建设，特别是将其高尚师德培养作为国家的一项长远战略任务与系统民心工程切实地抓紧抓好。

第二节 新时代公费师范生教育的未来致思

党的十八大以来，习近平总书记在领导全党全国各族人民推进党和国家事业发展的伟大实践中，立足世界发展大势和国家发展全局，着眼民族复兴伟大梦想，紧紧围绕培养什么人、怎样培养人、为谁培养人这个根本问题，牢牢把握立德树人根本任务，做出了一系列有关教育改革发展的重要论述，这些教育重要论述是习近平新时代中国特色社会主义思想的重要组成部分，是马克思主义基本原理同中国教育实践相结合的最新成果，标志着我们党对教育规律的认识达到了新高度，为我国教育事业指明了前进方向，为新时代我国教育改革发展提供了根本遵循。2018 年 9 月 10 日，中共中央召开新时代第一次全国教育大会，习近平总书记发表重要讲话并指出，坚持把教育摆在优先发展的战略地位，加快推进教育现代化，对教育工作做出一系列重大决策部署，提出了一系列关于中国教育改革发展的新理念新思想新观点。这次大会对中国教育改革发展具有里程碑意义，开启了加快中国教育现代化、建设教育强国、办好人民满意教育的新征程。伴随着新时代的新征程，教育的基础性、先导性、全局性地位和作用更加凸显。研判当前世界教育发展形势，我国教育总体发展水平已迈入世界中上行列，步入提高质量、优化结构、促进公平的新阶段。但也必须清醒认识到我国教育发展仍不平衡不充分，还不完全适应国家经济社会发展和人民群众日益增长的新要求新期盼。具体表现在：科学的教育理念尚未牢固确立，素质教育尚未得到充分发展，思想品德教育有待进一步加强，教师队伍建设尚不能满足教育现代化需要；区域、城乡之间教育发展尚存在明显差距，基本公共教育服务均等化水平有待提升；农村义务教育、学前教育、职业教育仍是短板，有效服务全民终身学习的体制机制尚不健全；人才培养结构与社会需求契合度不够，教育支撑引领创新发展和服务国家对外开放大局的能力亟待提升；以政府为主、全社会共同投入教育的机制还不健全，教育治理能力现代化水平有待提高；等等。

基于此，在新时代的大背景下，回顾过往，我国公费师范生政策已实施了十几年，政策在促进教育公平、助力教育扶贫、推进立德树人等方面发挥了重要作用。进入新时代，公费师范生政策面临着世界多极化、经济全球化、社会信息化和文化多样化的时代发展形势，未来应重点在战略定位、顶层设计，坚定不移实施科教兴国战略和人才强国战略，实现教育现代化战略目标与建立教育命运共同体等方面发挥特殊作用，进一步深度实现教育公平，进一步增强人民群体对教育的获得感、幸福感。具体来说，本节重点从坚持党的领导的高远站位全面提升公费师范生教育战略定位、公费师范生部分政策要求顶层设计有待协力配合与精准完善、加强公费师范生教育信息化建设助推国家教育现代化的实现、加强公费师范生的国际化教育助力教育命运共同体趋势发展四个方面进行具体阐述，以期抛砖引玉，为新时代公费师范生教育发展提供参考和有益借鉴。

一、坚持党的领导的高远站位全面提升公费师范生教育战略定位

万古基业，必出自雄才伟略。习近平总书记指出，战略问题是一个政党、一个国家的根本性问题。战略上判断得准确，战略上谋划得科学，战略上赢得主动，党和人民事业就大有希望。习近平总书记从实现"两个一百年"奋斗目标和中华民族伟大复兴的战略高度，洞悉世界教育发展大势，在统筹推进"五位一体"总体布局和协调推进"四个全面"战略布局中，把握新时代教育改革发展的战略定位，擘画新时代教育改革发展的大气魄、大视野、大格局，体现了对建设教育强国、实现中华民族伟大复兴中国梦的历史担当和战略定力。

（一）党在革命战争、社会主义建设、改革开放等不同时期都致力于办好人民满意的教育

1. 革命战争时期

这个时期的教育重点为革命战争服务，教育的主要目的是打破国民党政府实行的反革命思想文化的禁锢，清除封建文化的消极因素，动员人民群众积极参加"反围剿"斗争等。革命战争环境决定了教育不能采取正规的模式，只能采取依靠群众办学、灵活办学的模式。在这一时期党的教育主要包括干部教育、红军教育、群众教育和学校教育等，其中干部教育强调理论与实践并重，红军教育要求全面系统，群众教育达到广泛深入。在这一时期，师范教育已初具规模。为兴办更多的学校，更好地开展教育培养更多的革命人才，中国共产党需要更多的教育人员。中国共产党对地主富农知识分子以及来自国民党统治区的知识分子进行改造并对旧式私塾加以利用，成功将其转化为中国共产党的教育力量。此外，还发展新的教育力量，利用各种资源开展教员培训，使红区有自己的教育力量。比如：1932 年在江西瑞金创办了中央高级列宁师范学校；1934 年制定了有关师范院校的规章制度，并建立起一个包括短期师范学校、初级师范学校和高级师范学校在内的教育体系；教育内容主要以马克思主义教育理论、基础文化知识、教育基本理论、教育实习和教

材教法研究为主。总之，党在革命战争时期，重视教育工作，尊重知识分子，突显了教师作为教育工作中的重要组成部分这一重要地位。

2. 社会主义建设时期

对于这一时期的教育方针，1957 年 2 月 27 日，毛泽东同志在《关于正确处理人民内部矛盾的问题》一文中明确指出，"我们的教育方针，应该使受教育者在德育、智育、体育几方面都得到发展，成为有社会主义觉悟的有文化的劳动者"[①]。为落实全面发展教育方针，党和政府将德育放在首位，要求青少年学习马列主义，努力改造世界观，提高社会主义觉悟，树立为祖国为人民服务的思想。

1966 年 5 月至 1976 年 10 月，十年的"文化大革命"使党、国家和人民在贯彻和执行教育方针的指导思想上和实际工作中出现偏差，过分强调政治和生产劳动，忽视科学文化知识的学习，影响了教育质量。尽管在这一时期教育事业的发展受到政治、经济及人们主观认知的制约，但在党和国家教育方针的指引下，"左"的错误还未达到支配全局的程度。广大教育工作者努力贯彻和落实党的教育方针，培养了大量思想道德和文化科学素质较高的劳动后备军和大批德才兼备的建设人才，为国家政治、经济、文化、教育、科学技术等领域培养了大批骨干力量。

3. 改革开放时期

这一时期党和国家的根本任务是集中力量进行社会主义现代化建设，随着这一根本任务的确定，教育方针也相应地有了新发展、新变化。粉碎"四人帮"后，我党仍重申 1957 年和 1958 年提出的教育方针。党的十一大政治报告要求继续贯彻这一方针。1978 年，邓小平同志在全国教育工作会议上明确提出，要"把毛泽东同志提出的培养德智体全面发展、有社会主义觉悟的有文化的劳动者的方针贯彻到底，贯彻到整个社会的各个方面"[②]。1981 年 6 月通过的《中国共产党中央委员会关于建国以来党的若干历史问题的决议》提出，"用马克思主义世界观和共产主义道德教育人民和青年，坚持德智体全

---

① 毛泽东. 毛泽东文集：第 7 卷. 北京：人民出版社，1999：226.

② 邓小平. 邓小平文选：第 2 卷. 2 版. 北京：人民出版社，1994：106-107.

面发展、又红又专、知识分子与工人农民相结合、脑力劳动与体力劳动相结合的教育方针"。这里提出的教育方针虽在文字表述上与以前有所不同，但其精神实质具有内在一致性，是根据当时我国建设社会主义现代化强国的总目标的实际需要提出来的。

党的十六大报告指出：新时期要以造就数以亿计的高素质劳动者，数以千万计的专门人才和一批拔尖创新人才为主要任务，进一步提高全民族的思想道德素质、科学文化素质和健康素质，形成比较完善的现代国民教育体系，使人民享有接受良好教育的机会。简言之，就是教育要为人民服务。党的十七大报告进一步明确提出，要优先发展教育，建设人力资源强国。为实现这个重大战略目标，报告指出："要全面贯彻党的教育方针，坚持育人为本、德育为先，实施素质教育，提高教育现代化水平，培养德智体美全面发展的社会主义建设者和接班人，办好人民满意的教育。"

（二）新时代加强党的领导是做好教育工作的根本保证

中国共产党的领导是中国特色社会主义最本质的特征，是中国特色社会主义制度的最大优势。习近平总书记强调，做好教育工作，加强党的领导是根本保证。只有坚持党对教育事业的全面领导，才能在更高水平上实现教育战线思想上的统一、政治上的团结、行动上的一致，才能确保教育事业发展的正确方向，才能坚定走好中国特色社会教育发展道路①。自党的十八大以来，习近平总书记多次提出要把优先发展教育事业作为推动党和国家各项事业发展的重要先手棋，使教育的战略地位更加突显。

1. 坚持党的领导让我们更加理性与自信地认识和分析当前教育取得的主要成就与主要矛盾

习近平总书记指出，教育是民族振兴、社会进步的重要基石，是国之大计、党之大计。教育兴则国家兴，教育强则国家强。教育对提高人民综合素质、促进人的全面发展、增强中华民族创新创造活力、实现中华民族伟大复

---

① 《习近平总书记教育重要论述讲义》编写组. 习近平总书记教育重要论述讲义. 北京：高等教育出版社，2020：18.

兴具有决定性意义。2018 年 9 月，习近平总书记在全国教育大会上就教育改革发展提出的一系列新理念新思想新观点，可简单提炼为"九个坚持"，其中第一个就是"坚持党对教育事业的全面领导"。办好中国的事情，关键在党。中国共产党是中国特色社会主义事业的坚强领导核心，是最高政治领导力量。加强党的领导是做好教育工作的根本保证，要从根本上保证中国特色社会主义不变质、不变色，就必须牢牢掌握党对教育工作的领导权，坚持马克思主义的指导地位，把思想政治工作贯穿学校教育管理全过程，不断加强教育系统党的建设，使教育领域成为坚持党的领导的坚强阵地。进入新时代，党对教育工作的领导全面加强，学校思想政治工作力度空前，学生思想道德素质持续向好，教育自信进一步增强。但我们也必须清楚地认识到，我国教育体量世界最大，发展还不平衡不充分，群众的教育需求差异很大，即我国当前教育领域的主要矛盾是人民对更好更公平教育的需要和教育不平衡不充分的发展现实之间的矛盾。基于此，如何运行好、发展好这样一个庞大而复杂的教育体系，从人民群体最关心最直接最现实的教育问题入手，从覆盖面更大的多数人的共同利益需要出发，破解教育的主要矛盾、重点难点、热点焦点等问题，以回应人民对更好更公平教育的期待，加强党的领导至关重要。

2. 在教育领域坚持党的领导，根本靠人才、靠队伍，坚持和加强教师队伍建设是最为基础的工作

党和国家历来高度重视教师工作。习近平总书记强调，要从战略高度来认识教师工作的极端重要性，把加强教师队伍建设作为基础工作来抓。教师是教育发展的第一资源，是国家富强、民族振兴、人民幸福的重要基石。

教师是立教之本、兴教之源，必须从党和国家的战略高度认识加强教师队伍建设的重大意义，增强"四个意识"，坚定"四个自信"，做到"两个维护"。公费师范生作为国家未来教师队伍建设的梯队之一，必须在党的坚强领导下，把"四个意识"落实到教育改革发展的方方面面，融入教育教学研究的各个环节，真正解决好培养什么人、怎样培养人、为谁培养人这一根本问题；把"四个自信"转化为办好中国特色社会主义教育事业的自信，要做到坚持不懈传播马克思主义科学理论，坚持不懈培育和弘扬社会主义核心价值

观，坚持不懈培育优良校风和学风，引导学生正确认识中国和世界发展大势，正确认识中国特色和国际比较，正确认识时代责任和历史使命，正确认识远大抱负和脚踏实地。时刻将师德师风作为评价公费师范生教师队伍素质的第一标准，引导他们争做有理想信念、有道德情操、有扎实学识、有仁爱之心的"四有"好老师，做政治强、情怀深、思维新、视野广、自律严、人格正的经师和人师。

二、公费师范生部分政策要求顶层设计的协力配合与精准完善

教育关乎国家、民族和每个人未来的发展，必须有长远规划与顶层设计。公费师范生政策发展到今天已有十几年，未来更需要对这项重要政策进行深度审思与顶层谋划，立足新时代要实现从跟跑向并跑、领跑的战略性转变。2020年9月1日，中央全面深化改革委员会召开会议强调，振兴中西部高等教育，要坚持和加强党对高校的全面领导，坚持中国特色社会主义教育发展道路，全面贯彻党的教育方针，落实立德树人根本任务，推动实现内涵式发展，主动对接重大区域发展战略，扎根中国大地办大学，突出优势特色、汇聚办学资源、促进要素流动，有效激发中西部高等教育内生动力和发展活力，推动形成同中西部开发开放格局相匹配的高等教育体系。基于此，公费师范生教育作为高等教育体系的重要组成部分，立足国家的教育改革和教育战略，在国家宏观政策的指导下，在不同层次师范大学作用发挥、相关配套办法出台等方面，还待研究者、政策制定主体提供智库支持，助力公费师范生政策自上而下实现精准落地。

（一）地方师范大学与部属师范大学同步谋划引领

自2007年公费师范生政策颁布至今，政策针对履约年限、称谓等所做的调整彰显了国家对此项工作的重视，特别是2018年的《关于全面深化新时代教师队伍建设改革的意见》和《教师教育振兴行动计划（2018—2022年）》的出台，对公费师范生前期政策中存在的一些瓶颈问题采取了有针对性的措施，并提出要积极推进地方开展师范生教育工作。

2007年，六所部属师范大学率先实施了公费师范生政策，实施十几年来，

有上万余名公费师范生充实到我国基础教育一线，为国家的教育事业建功立业。虽然六所部属师范大学培养的公费师范生在促进国家教育公平、阻断教育贫困代际传递等诸多方面发挥了师范教育的示范引领作用，但还是不能满足我国对优质师资队伍的需求，特别是偏远贫困地区对优质师资的需求。这一状况客观上要求国家在继续做好部属师范大学公费师范生教育的同时，积极推动地方做好地方师范大学公费师范生的教育工作，形成部属与地方师范大学同步谋划的工作格局，并在部属师范大学的示范引领下，与地方师范大学实现同向同行、同频共振。具体来说，就是要将国家和地方的公费师范生培养置于国家教育强国战略的高度，落实师范院校"立德树人"根本任务，承担实现中华民族伟大复兴、培养社会主义合格建设者和可靠接班人的使命，全面做好国家与地方公费师范生政策的顶层设计。

（二）公费师范生教育培养体制机制配套办法出台

公费师范生政策提出的初衷意义重大，实施十几年来需要在政策落实落细落地上做足功课。具体来说，围绕 2018 年相继出台的《关于全面深化新时代教师队伍建设改革的意见》和《教师教育振兴行动计划（2018—2022 年）》以及新时代的系列新要求，要做好国家层面和地方层面政策的配套工作，特别从公费师范生教育培养的体制机制的关键环节上，充分挖掘发挥政府、高校、用人单位、学生以及社会等各方主体的积极力量，做好各级公费师范生在职前、职中、职后等的引领、教育与培养工作，让这些国家重点培养的优质师资队伍能看到职业发展的希望与未来，从而更加安心从教、乐于从教，让每一位教师都有职业的获得感、幸福感。在这里，要特别注意国家和地方公费师范生政策制定的共性与个性的区别，构建形成教师人才培养和教师队伍建设的层次梯队与互补格局。具体来说，一是政府层面，国家和地方政府要充分发挥公费师范生宏观政策的把方向、把大局的作用，特别是在经费等工作与条件保障上要给予全面考虑；二是高校层面，在公费师范生招生、教育、培养等环节上做好衔接与联动，全面系统做好学生的教育与培养工作；三是单位层面，重点在公费师范生后续职业发展方面做好管理与培养工作，让公费师范生对未来发展有信心与动力；四是学生层面，在各个阶段历练与打造自身综合素质的同时，时刻铭记自己的责任与使命；五是社会层面，要在营造良好的尊师重教氛围上下足功夫，形成全社会重视教育、尊敬师长等良好氛围。

综上，公费师范生各项配套政策与办法的出台，除要发挥各方主体力量等的作用外，还要坚持系统性、整体性和全局性原则，树立共同体意识与思维，做好公费师范生各项政策的制定、完善与修订等工作。

（三）"免费"向"公费"的转变是国家教育战略需要

2007年3月5日，温家宝在第十届全国人民代表大会第五次会议上所做的政府工作报告正式提出在教育部直属师范大学实行师范生免费教育，并建立相应的制度。2007年5月9日，国务院通过教育部、财政部、人事部、中央编办联合制定的《教育部直属师范大学师范生免费教育实施办法（试行）》。该办法的出台标志着免费师范生政策进入实施阶段。2018年1月31日，中共中央、国务院公布了《关于全面深化新时代教师队伍建设改革的意见》（简称《意见》），《意见》指出："完善教育部直属师范大学师范生公费教育政策，履约任教服务期调整为6年。"2018年2月11日，教育部等五部门颁布了《教育部等五部门关于印发〈教师教育振兴行动计划（2018—2022年）〉的通知》（简称《行动计划》）。《行动计划》指出："改进完善教育部直属师范大学师范生免费教育政策，将'免费师范生'改称为'公费师范生'，履约任教服务期调整为6年。推进地方积极开展师范生公费教育工作。"《意见》和《行动计划》的出台标志着免费师范生政策改称为公费师范生政策。同年，国务院办公厅转发教育部等部委编制的《教育部直属师范大学师范生公费教育实施办法》，对部属师范大学师范生公费教育政策进行了系统全面的规定，也将我国师范生"免费教育"升级为"公费教育"，标志着我国实施10年的免费师范生教育退出历史舞台，迎来了师范生公费教育时代。"免费"向"公费"的转变不仅解决了过去免费师范生教育的痛点，面向未来，这一升级更预示着公费师范生教育在新时代的新发展、新进步。

1."免费"向"公费"的转变是国家顶层设计与国家战略使命

"免费"向"公费"的转变虽然只是政策称谓的变化，但却从更深层次上丰富和发展了新时代公费师范生的使命与价值。从政策制定的初衷来看，公费师范生教育是为我国基础教育事业培养大批优秀的教师，鼓励更多的优秀青年终身做教育工作者，而新时代政策的转变释放了党和国家对教育公共性重视的信号。"公费"意味着党和国家更加重视公费师范生教育。中国共产党是中国特色社会主义事业的领导核心，处在总揽全局、协调各方的地位，这就从根本上决定了公费师范生教育是在党领导下的中国特色社会主义教育事业，党的领导是指引公费师范生教育事业不断发展的最大政治优势。习近平总书记在2016年的全国高校思想政治工作会议上强调，我国高等教育的发展方向要同我国发展的现实目标和未来方向紧密联系在一起，为人民服务，为中国共产党治国理政服务，为巩固和发展中国特色社会主义制度服务，为改革开放和社会主义现代化建设服务①。这为公费师范生教育的培养指明了方向，公费师范生教育不仅承担着培养教师的任务，更肩负着服务社会、引领发展的使命，新时代这一使命的要求必然导致在公费师范生教育政策及现实培养中将更加重视党的领导、精神的引领、道德的培养、价值的塑造，从国家战略高度审视其在中国特色社会主义事业整体发展中的重要作用。因此，新时代是公费师范生教育大有可为、大有作为的新阶段。

2. "免费"向"公费"的升级是为了破解社会误解和提升社会声誉

习近平总书记在2018年的全国教育大会上指出："全党全社会要弘扬尊师重教的社会风尚，努力提高教师政治地位、社会地位、职业地位，让广大教师享有应有的社会声望，在教书育人岗位上为党和人民事业作出新的更大的贡献。"公费师范生教育政策的修订与这一要求相契合，旨在提高公费师范生的社会地位，进一步形成尊师重教的浓厚氛围，让教育成为全社会最受尊重的事业。同时，"免费"向"公费"的升级是国家顶层设计从权宜之计的选择向社会使命的倾斜，是新时代背景下党和国家对公费师范生的新定位和新期待，为公费师范生教育的进一步发展指明了方向。2007年，国务院颁布《教育部直属师范大学师范生免费教育实施办法（试行）》，决定在教

① 习近平. 把思想政治工作贯穿教育教学全过程　开创我国高等教育事业发展新局面. 人民网, 2016-12-09.

育部直属师范大学实行师范生免费教育。"免费"一词的使用，虽然显著增加了免费师范生教育政策的吸引力和关注度，有利于把优秀人才吸引到教师队伍中，但是从现实情况来看，"免费师范生教育"中"免费"二字一定程度上造成了社会舆论对免费师范生教育的误解，认为学生报考免费师范生单纯是由于家庭贫困，更有甚者由此怀疑免费师范生的培养质量。然而，免费师范生作为提前批次录取的优秀学生，其知识和能力水平都有一定的保证，是高中毕业生中的佼佼者。当前，"免费师范生"向"公费师范生"的升级不仅有效解决了这一问题，更体现出党和国家对公费师范生培养的关注和重视，提升了公费师范生的社会声誉与社会地位，有效增强了公费师范生的荣誉感和使命感。

三、加强公费师范生教育信息化建设，助推国家教育现代化的实现

党的十九大和全国教育大会明确提出要加快教育现代化，办好人民满意的教育。而教育信息化是实现教育现代化的关键点位和重要抓手。人类社会进入 21 世纪，以信息技术为核心的新一轮科技革命孕育兴起，互联网日益成为各个领域创新发展、转型发展的重要驱动力量，广泛改变着人们的生产和生活，特别是新一轮科技革命和产业变革正在重构全球创新版图、重塑全球经济结构，以互联网、大数据、云计算、量子卫星、人工智能为代表的现代科学技术正深刻变革着人类的思维、生产、生活和学习方式，更给教育领域带来了革命性的影响。2012 年，教育部印发的《教育信息化十年发展规划（2011—2020 年）》指出，我国教育改革和发展正面临着前所未有的机遇和挑战。以教育信息化带动教育现代化，破解制约我国教育发展的难题，促进教育的创新与变革，是加快从教育大国向教育强国迈进的重大战略抉择。教育信息化充分发挥现代信息技术优势，注重信息技术与教育的全面深度融合，在促进教育公平和实现优质教育资源广泛共享、提高教育质量和建设学习型社会、推动教育理念变革和培养具有国际竞争力的创新人才等方面发挥着独特的重要作用，是实现我国教育现代化宏伟目标不可或缺的动力与支撑。经过一段时间的努力，我国教育信息化已经取

得了显著进展，但发展的质量和水平与世界发达国家相比还有明显差距。尤其是在中国特色社会主义进入新时代的背景下，必须充分考虑到人民日益增长的对于优质教育资源的强烈渴求，同时认识到推进教育信息化的重要性和艰巨性，把教育信息化作为教育事业发展的战略重点和优先领域全面部署、加快实施。尤其要清醒地认识到，我国教师队伍建设尚不能满足教育现代化的需要，以及人才培养结构与社会需求契合度不够等，制约着我国教育事业的发展。《中国教育现代化 2035》就是聚焦教育发展的系列突出问题和薄弱环节，立足当前，着眼长远，重点部署了面向教育现代化的十大战略任务，是新时代推进教育现代化、建设教育强国的纲领性文件。其中，推动各级教育高水平高质量普及、提升一流人才培养与创新能力、建设高素质专业化创新型教师队伍、加强信息化时代教育变革等多项战略任务都与公费师范生教育密切相关。基于此，公费师范生教育作为中国特色社会主义教育事业的重要组成部分，推动其信息化发展，构建一套完整的公费师范生教育与培养信息化体系，是公费师范生教育战略发展的题中之义，在这里我们重点梳理两个方面：

（一）新时代要求提升公费师范生的教育信息化水平

以信息化为特征的 21 世纪极大地影响了我国教育的发展。信息化程度已成为当今世界衡量一个国家综合国力的重要标志之一，一所学校教育信息化的程度将是评价这所学校综合实力和质量水平的重要标志之一。作为伴随信息化成长起来的一代，公费师范生将来要教育随着信息化不断发展成长起来的一代代青少年，责任重大、影响深远。为此，教育部六所直属师范大学作为公费师范生培养的摇篮，要适应信息时代发展的潮流，把握好这个契机，为新时代公费师范生教育注入新的动能与活力。

经过多年的探索实践，信息技术对教育的革命性影响已初步显现，但与新背景、新形势发展要求仍存在较大差距，如数字教育资源开发与服务能力不强，信息化学习环境建设与应用水平不高，教师信息技术应用能力基本具备，但信息化教学创新能力尚显不足、信息技术与学科教学深度融合不够、高端研究和实践人才依然短缺。在教育部六所直属师范大学公费师范生培养过程中，虽各学校举全校之力加大各项优质资源的倾斜，但由于种种主客观原因，公费师范生教育仍然无法完全实现信息化。2018 年 4 月教育部印发《教育信息化 2.0 行动计划》，明确要以习近平新时代中国特色社会主义思想为指导，全面贯彻党的十九大精神，围绕加快教育现代化和建设教育强国新征程，落实立德树人根本任务，顺应信息技术特别是智能技术的发展，积极推进"互联网＋教育"，坚持信息技术与教育教学深度融合的核心理念，坚持应用驱动和机制创新的基本方针，推动教育信息化可持续发展。为了深入贯彻这一计划，并推动公费师范生教育水平的提升，亟待构建网络化、数字化、智能化、个性化、终身化的公费师范生教育体系，营造人人皆学、处处能学、时时可学的学习氛围，实现更加开放、更加适合、更加人本、更加平等、更加可持续的公费师范生教育，推动我国公费师范生教育信息化整体水平走在世界前列，真正走出一条有中国特色的公费师范生教育路子。

　　具体来讲，在公费师范生教育的进一步发展中，就是要突破单一的传统教育模式，实现信息化教育模式与传统教育模式的深度融合，既通过教师根据教育发展实际和公费师范生的培养要求进行面对面的交流，借助肢体、语言、表情等多种情感方式进行沟通，并根据实际情况及时调整授课方案，采用案例式、启发式等多种手段活跃和提升课堂气氛，又在课堂中大力引进信息化手段进行教学培养和实践锻炼，拓宽公费师范生求知学习的渠道，丰富其教育资源形式，大力提高公费师范生课堂的创新活力和信息化水平，推进公费师范生教育向"互联网＋教育"深度转型。当前，公费师范生教育课堂已经加大了信息化教育比重，充分利用了微课、慕课以及各种信息化平台提升课堂活力，取得了一定的成效，然而，与《教育信息化 2.0 行动计划》中的要求还存在一定的差距。在公费师范生教育中，仍然存在数字资源服务普及程度不高、网络学习空间构建力度不足等问题，因而，加大信息化普及与应用水平、构建"互联网＋教育"的格局是我国教育信息化多年建设的必然结果，更是公费师范生教育创新发展的内在要求。

（二）新时代要求提高公费师范生的信息化教学素养

2016年，习近平总书记在全国高校思想政治工作会议上指出，"要运用新媒体新技术使工作活起来，推动思想政治工作传统优势同信息技术高度融合，增强时代感和吸引力"。2017年10月18日，习近平总书记在中国共产党第十九次全国代表大会上的报告中再次强调要深化教育改革，加快教育现代化。为深入贯彻落实党的十九大精神，2018年4月13日，教育部印发《教育信息化2.0行动计划》，提出要到2022年基本实现"三全两高一大"的发展目标，这一发展目标中特别重要的一个方面就是教师信息素养的普遍提高，而公费师范生作为基础教育阶段，特别是老少边穷地区基础教育阶段教师的重要组成部分，其信息素养的提升将直接关系到这"三全两高一大"发展目标实现的程度和质量，关系到基础教育阶段学生世界观、人生观、价值观的培养，关系到公费师范生的可持续发展。因此，公费师范生信息素养的提升是未来公费师范生发展的重要内容。

教师的信息素养是指在信息化时代，教师适应信息化发展要求、为了提高教师教育质量而习得和掌握的一种能力，主要包含信息获取、信息分析、信息加工、信息利用四种能力，这些能力逐渐成为信息化时代教育教学的重要引擎，也成为新时代公费师范生进一步培养和锻炼的关键素养。相关调研数据显示，公费师范生中相当一部分学生来自城镇和乡村，且根据协议规定，公费师范生在毕业之后一般履约回生源地中小学任教。虽然当前互联网技术在教育行业的广泛应用一定程度上缓解了硬件资源陈旧简陋、智能设备短缺的问题，极大拓宽了优质教育资源的覆盖面，为教育公平问题的进一步解决奠定了良好的基础，但是一些偏远地区和农村的信息化水平仍然存在较大的发展空间，特别是教师信息素养亟待提高，如何将优质共享的资源、交互多样的信息、开放灵活的教学、丰富先进的学习材料、优质高效的教育模式利用起来，成为这些地区教育发展的核心问题，而这些问题的解决除了要处理好顶层设计的问题，还必须关注教师作为教育教学主体在问题解决中的关键作用。为了实现教育现代化、信息化的发展要求，一方面应该在培养环节做好顶层设计，重视公费师范生信息素养的教育，相关职能部门要结合国家系列要求制订工作推进方案和路线蓝图；另一方面在教育实践过程中，应自觉地以先进的教育思想为指导，以现代信息技术为手段，以深入开发、广泛利用信息资源为重点，形成新的适合农村中小学教育发展的教育教学目标和模式，达到新的教育教学效果。

四、加强公费师范生的国际化教育，助力教育命运共同体趋势发展

党的十九大指出，建设教育强国是中华民族伟大复兴的基础工程，必须把教育事业放在优先位置，加快教育现代化，办好人民满意的教育。这个重要论断一方面把教育事业建设提升到实现"两个一百年"奋斗目标、全面建成社会主义现代化国家、实现中华民族伟大复兴中国梦的整体布局的高度进行谋划，同时也凸显了以习近平同志为核心的党中央对发展教育事业、推进教育事业现代化发展的坚定决心。改革开放 40 余年的成就和经验表明，改革是决定当代中国命运的关键抉择，开放则是使中国走向更加现代化的关键选择与力量源泉。2018 年 9 月 10 日，全国教育大会的召开标志着我国教育事业进入了全新的发展阶段，开启了教育现代化新的征程。在加快教育现代化建设的新征程上，教育对外开放同样具有不可替代的必要性和重要性。在百年未有之大变局的国际形势下，不断走向世界舞台中心的中国教育势必承载着新的历史任务和责任，教育对外开放也应呈现出新的发展面貌。进入新时代，中国正积极推动构建人类命运共同体，这客观要求教育必须加强对外交流，促进民心相通和文明交流互鉴，为创造人类美好未来做出新的更大贡献①。然而，当前我国教育还存在人才培养结构与社会需求契合度不够，教育支撑引领创新发展和服务国家对外开放大局的能力亟待提升等现实问题。基于此，公费师范生教育作为新时代教育事业的重要组成部分，其发展只有适应新时代的现代化、开放性和国际化的发展趋势，不断实现自身的改革发展和对外开放并承担起新时代的历史任务与责任，才能在世界大格局中助力教育命运共同体的实现。

---

① 《习近平总书记教育重要论述讲义》编写组. 习近平总书记教育重要论述讲义. 北京：高等教育出版社，2020：3.

(一) 公费师范生教育的比较研究稳步推进

当前，比较研究是世界各国教育推动教育事业改革发展的主要动力，只有立足本国教育事业发展，着眼全球教育，不断吸收各国教育事业发展的经验，紧跟世界教育发展的趋势和最新动向，才能不断推动我国教育事业发展、进步。公费师范生教育是中国教育事业的重要组成部分，理应纳入中国教育事业整体布局中，跟踪新时代教育事业发展的全球趋势，实现自身的发展与创新。

公费师范生政策是立足我国教育发展实际，适应新形势需要而制定的政策，旨在吸引优秀人才从教，培养大批有理想信念、有道德情操、有扎实学识和有仁爱之心的"四有"好老师，进一步形成尊师重教的浓厚氛围。需要强调的是，这一项政策主要是针对基础教育特别是边远贫困地区的基础教育，具有明显的中国特色。放眼全球，虽然世界各国经济发展水平不同，但是大多数国家都很重视发展农村基础教育，采取了很多措施，尤其是在补充教师队伍数量、提高教师质量方面积累了有益经验，为有效解决农村地区基础教育问题提供了重要保障。比如 21 世纪初，美国总统克林顿推出专项拨款法案，使美国偏远农村小学得到了实质性的帮助。除此之外，美国政府将发展的重点转移到教师队伍建设上，通过利用增加农村教师资格条件的弹性，增强教师队伍的整体素质以提高教学质量。日本和韩国为鼓励教师到农村中小学任教，除了对城乡公立学校实行教师定期轮换制度外，还积极改善农村教师的住宿和生活条件，增发额外津贴。在经济发展相对滞后的一些国家和地区，还根据各学校的各项实际情况给教师加发浮动工资和特殊津贴，金额一般为教师工资总额的 20%～50% 不等。这些主要是采用物质激励的办法，然而也有部分国家通过对公共义务的倡导、公共责任的履行、公益形象的塑造来提高学生到经济欠发达的城镇和农村任教的自觉性和积极性。在全球化背景下，各国政治、经济、文化等各方面加速发展，公费师范生教育的进一步发展势必会因比较教育获得新的思路，并通过各国之间的比较研究助力自身的长远发展。具体来说，主要体现在以下两个方面：

第一，公费师范生教育同国外相关师范类教育的比较研究可以丰富公费师范生教育的方法。当前,我国公费师范生教育比较注重理论与实践相结合,通过建立教师教育改革创新实验区、国家教师教育基地等举措,完善师范院校与地方政府、中小学协同培养机制,支持优秀公费师范生参加国(境)外交流学习、技能竞赛,打造公费师范生教育教学技能实训平台,落实"双导师"制度和教育实践不少于一个学期制度,集中最优质资源进行培养,切实提高公费师范生培养质量。世界上其他一些国家和地区同样把理论与实践结合的培养方式摆在整个教师教育的关键地位,尤其注重实践的环节设置与实践安排。具体来讲,新加坡将实践贯穿师范类学生教育的全过程,根据不同的培养目标分 3~5 次开展实践教育,这一方面使学生能够不断在理论学习与实践锻炼的过程中反思、提高,同时也逐渐坚定了学生从教的意愿和决心;另一方面使学生的能力与素质不断得到磨炼、提升。由此可见,通过不同国别基础教育教师培养、教师教育的比较研究,可以有效拓宽新时代公费师范生教育发展的思路,丰富公费师范生教育的方法。着眼未来,面对全新的教育实践和复杂的教育形势,公费师范生教育必然会走上一条通过国际比较借鉴而不断充实自身方法体系的道路。

第二,公费师范生教育同国外相关师范类教育的比较研究可以充实公费师范生教育的内容。公费师范生是各招生单位在高考结束之后提前批录取的青年优秀人才,按照《师范生公费教育协议》进行教育培养,且在专业确定之后更具有明显的教育指向性,这也就导致部分公费师范生在学习实践过程中存在较为明显的实用性倾向。然而,教育的最终目的在于实现人的发展,这一目的的实现必须加强对人特别是基础教育阶段学生的思想发展规律的研究。综观国外师范教育的内容,芬兰教师教育呈现研究性的特点,目的在于培养具有自主性、责任感和反思性的专业教师。在教师的培养中一方面比较注重教师的专业能力和科学素养,另一方面也关注教师对研究方法的掌握与运用,学生在学习的过程中通过先前掌握的各种研究型能力对各项课题和项目进行论证、决策和辩解,并学习研究技能。而这些方法的学习与技能的训练虽然并不会短时间内在他们的教育教学中奏效,但却培养了芬兰师范类学生在长久的工作实践中分析与处理问题的能力,使他们能够独立地搜索与问题相关的信息和数据，妥善地解决教育过程中的各类问题。反观当前我国公费师范生教育，虽然有些学校已在本科阶段对培养学生的研究能力进行了探索，但主要还是在教育硕士阶段才将研究型人才的培养作为重点内容。为了达到教育家办学的目的，必须通过与国外相关类型教师教育理论与实践进行比较，丰富对公费师范生教育的内容，使其能更好地实现公费师范生的多维发展，以适应全球化发展趋势下学生成长发展的需求，完成为国育才、为党育人的使命。

因此，在全球教师专业化发展不断升温、我国公费师范生教育加速发展的特殊时期，开展相关比较研究，探索公费师范生教育的方式方法，充实公费师范生教育内容，并尽快与国际先进理念和模式接轨具有重大意义，成为公费师范生教育发展的大势所趋。

（二）公费师范生发展的交流合作持续开展

2007 年 5 月，国务院决定在教育部直属师范大学实行师范生公费教育，旨在为基础教育事业，特别是贫困地区教育事业的发展培养一批又一批优秀教师，并鼓励公费师范生长期从教、终身从教。经过 10 余年的发展，2018 年 2 月，教育部等五部门印发的《教师教育振兴行动计划（2018—2022 年）》提出，改进完善教育部直属师范大学师范生免费教育政策，将"免费师范生"改称为"公费师范生"，履约任教服务期调整为 6 年。政策的调整为公费师范生营造了更大的发展空间，进一步焕发了政策的"生命力"，同时增强了师范生就读师范、毕业后当老师的自豪感，进一步激发了师范生作为国家公费培养教师的使命感和荣誉感。

2017 年 7 月，习近平总书记主持召开了中央全面深化改革领导小组会议，会议审议通过了《关于加强和改进中外人文交流工作的若干意见》（简称《意见》），确立了"以人为本、平等互鉴、开放包容、机制示范、多方参与、以我为主、改革创新"的工作原则，要求进一步创新高级别人文交流，将人文交流合作的理念融入各个领域。《意见》对于推进国际传播能力建设、讲好中国故事、提升文化软实力具有重要意义，同时也彰显了我国教育现代化的国际主旋律，在这种交流合作规范化、常态化的良好态势下，可以预见公费师范生国际交流合作是未来公费师范生教育质量提升和长远发展的重要动力。当前，中国日益走近世界舞台中央，中国理念、中国智慧、中国方案、中国机遇日益受到全球关注。新时代、新思想、新使命、新征程，意味着中国同世界的关系更为紧密。中国故事为世界上其他国家谋求发展提供了借鉴，为各国共同发展提供了启示。公费师范生教育作为一项具有中国特色的教育政策也应该走出中国、走向世界，一方面为世界上其他国家和地区基础教育事业，特别是贫困地区教育事业的发展提供新的发展思路，另一方面通过公费师范生国际交流合作，能够拓宽公费师范生的国际视野，深化其对于教育事业整体发展的思考，为教育家办学提供重要的人才支撑。公费师范生教育的进一步发展需要的是具有国际思维、全球视野和中国特色的教育人才。因此，公费师范生国际交流合作应成为公费师范生政策走向及其教育培养的关键领域与必要环节。特别是在习近平总书记推动构建人类命运共同体理念的指导下，公费师范生国际化发展将在构建世界教育命运共同体方面发挥自身作用与独特价值。

　　当今，我们所处的新时代，既是近代以来中华民族发展的最好时代，也是实现中华民族伟大复兴的最关键时代。公费师范生教育是培养教师的教育，任务艰巨，使命光荣，影响深远，更要坚守立德树人初心，担当起为党育人、为国育才的使命与责任。

参考文献

著作类

[1] 李华兴. 民国教育史. 上海：上海教育出版社，1997.

[2]《交通大学校史》编写组. 交通大学校史（1896—1949）. 上海：上海教育出版社，1986.

[3]《北京师范大学校史》编写组. 北京师范大学校史（1902—1982）. 北京：北京师范大学出版社，1982.

[4] 中央教育科学研究所教育史研究室. 中华民国教育法规选编（1912—1949）. 南京：江苏教育出版社，1990.

[5] 顾明远. 中国教育大系·历代教育制度考：下. 武汉：湖北教育出版社，1994.

[6] 潘懋元，刘海峰. 中国近代教育史资料汇编：高等教育. 上海：上海教育出版社，1993.

[7] 刘捷，谢维和. 栅栏内外：中国高等师范教育百年省思. 北京：北京师范大学出版社，2002.

[8] 刘英杰. 中国教育大事典：1840—1949. 杭州：浙江教育出版社，2001.

[9] 多贺秋五郎. 近代中国教育史资料：民国编：下. 台北：文海出版社，1976.

[10] 左丘明，杜预. 左传（春秋经传集解）. 上海：上海古籍出版社，2015.

[11] 李山. 管子. 北京：中华书局，2017.

期刊类

[12] 曲铁华，樊涛. 清末免费高等师范教育制度特点探析. 河北师范大学学报（教育科学版），2009（3）.

[13] 曲铁华，袁媛. 我国师范生免费教育政策的百年历史考察. 社会科学战线，2010（1）.

[14] 钟秉林. 扎根中国大地 推进强师兴国. 中国高等教育，2018（Z1）.

[15] 李海萍. 清末民国师范生免费教育政策的历史审视. 教育研究，2013（11）.

[16] 吴晓蓉，姜运隆. 我国免费师范教育政策的回顾与反思. 国家教育行政学院学报，2011（5）.

[17] 黄小莲."师范生免费教育"政策的利益与风险. 全球教育展望，2009（10）.

[18] 喻本伐. 中国师范教育免费传统的历史考察. 湖北大学学报（哲学社会科学版），2007（3）.

[19] 刘海滨，王智超. 免费师范生就业中的政策障碍及对策思考. 国家教育行政学院学报，2011（5）.

[20] 高巍. 首届免费师范生就业状况及就业心理研究：基于某部属师范大学的调查. 国家教育行政学院学报，2012（6）.

[21] 商应美，王香丹，周冰，等. 首届免费师范生就业与政策执行现状及其对策研究：以一所部属师范大学首届免费师范生和用人单位调研为例. 国家教育行政学院学报，2014（6）.

[22] 商应美. 免费师范生就业政策实施10周年追踪研究：以东北师范大学五届免费师范生为例. 教育研究，2017（12）.

[23] 商应美，于爽. 免费师范生教育硕士就业跟踪调查研究：写于我国

免费师范生政策实施 10 周年之际. 中国青年社会科学, 2017 (6).

[24] 潘小春. 首届免费师范生就业政策实施情况研究. 教育理论与实践, 2014 (1).

[25] 潘小春, 芮敏, 万静娴, 等. 首届免费师范毕业生对就业政策态度的调查分析: 以北京师范大学为例. 教育理论与实践, 2012 (23).

[26] 付卫东, 付义朝. 首届免费师范毕业生就业影响因素实证研究: 基于全国六所部属师范大学的调查. 复旦教育论坛, 2012 (2).

[27] 付卫东, 付义朝. 首届免费师范毕业生就业情况及其影响因素分析: 基于全国 6 所部属师范大学的调查. 河北师范大学学报 (教育科学版), 2012 (7).

[28] 邓湖川. 关于免费师范生思想政治教育的若干思考. 思想政治教育研究, 2010 (5).

[29] 彭兴蓬, 邓猛. 免费师范生的合同研究. 教师教育研究, 2011 (6).

[30] 赵宏玉, 齐婷婷, 张晓辉, 等. 免费师范生的教师职业认同: 结构与特点实证研究. 教师教育研究, 2011 (6).

[31] 岳奎, 王鹊. 免费师范生的就业冲突及其规避: 基于一项关于免费师范生就业意向调查的分析. 教育研究与实践, 2011 (2).

[32] 周琴, 杨登苗. 传承与变革: 师范生免费教育政策的历史分析与比较. 国家教育行政学院学报, 2011 (5).

[33] 王庭照, 许琦, 栗洪武, 等. 我国师范生免费教育研究热点的领域构成与拓展趋势: 基于 CNKI 学术期刊 2007—2012 年文献的共词可视化分析. 教育研究, 2013 (12).

[34] 胡娇. 我国师范生免费制度考略 (1902—1949 年). 河北师范大学学报 (教育科学版), 2008 (5).

[35] 魏峰, 张乐天. 师范教育免费政策的历史考察: 1897—1949. 教育与经济, 2007 (4).

[36] 王兆璟, 陆红燕. 论新时代精神指引下的师范教育. 西北师大学报 (社会科学版), 2018 (5).

[37] 崔波. 免费师范生就业为何偏离政策初衷：基于社会流动的视角. 现代教育管理，2012（9）.

[38] 严怡，张斌. 免费师范毕业生就业情况调查研究：以西南大学为例. 中国大学生就业，2012（16）.

[39] 舟思燕，王放，陈华江. 免费师范生就业政策分析. 重庆理工大学学报（社会科学），2014（10）.

[40] 石静. 民国时期免费师范教育的衍变. 南通大学学报（社会科学版），2015（4）.

[41] 郭昌荣，詹定洪，刘臻. 免费师范生就业心理研究：以西南大学为例. 兰州教育学院学报，2012（5）.

[42] 范春婷. 加强免费师范生群体的思想政治教育探析. 西南农业大学学报（社会科学版），2010（5）.

[43] 李新. 如何让免费师范生下基层就业：基于部属与地方师范院校免费师范生就业政策的比较分析. 南京晓庄学院学报，2013（5）.

[44] 陈思. 首届免费师范生就业情况调查研究：以华中师范大学某院为例. 咸宁学院学报，2012（1）.

[45] 王开富. 免费师范生职业生涯规划的影响因素及对策研究. 重庆电子工程职业学院学报，2009（2）.

附录 1
我国公费师范生就业政策
大事记（2007—2020）

2007 年

2007 年 3 月 5 日，温家宝在第十届全国人民代表大会第五次会议上所做的政府工作报告正式提出在教育部直属师范大学实行师范生免费教育，并建立相应的制度。

2007 年 5 月 9 日，国务院通过教育部、财政部、人事部、中央编办联合制定的《教育部直属师范大学师范生免费教育实施办法（试行）》（简称《办法》）。《办法》的出台标志着免费师范生政策进入实施阶段。

《办法》对免费师范生的就业规定如下："免费师范生入学前与学校和生源所在地省级教育行政部门签订协议，承诺毕业后从事中小学教育十年以上。到城镇学校工作的免费师范毕业生，应先到农村义务教育学校任教服务二年。"

2007 年 5 月 18 日，教育部办公厅颁布了《教育部办公厅关于做好教育部直属师范大学免费教育师范生招生工作的通知》（教学厅〔2007〕4 号）。该通知要求做好首批免费师范生的招生、入学报到等工作。

2007 年 6 月 29 日，教育部办公厅颁布了《教育部办公厅关于做好 2007级免费教育师范生签订协议工作的通知》（教师厅〔2007〕2 号）。该通知对组织 2007 级免费师范生签订《师范生免费教育协议书》流程，省级教育行政部门、部属师范大学所承担的相应责任做了明确规定。

2007 年 12 月 22 日，教育部办公厅颁布了《教育部办公厅关于安排 2007 年师范生免费教育经费的通知》（教师厅〔2007〕3 号）。该通知明确了 2007 年师范生免费教育经费补助项目、补助标准和拨付时间。

2008 年

2008 年 5 月 21 日，教育部办公厅颁布了《教育部办公厅关于做好 2008 级免费教育师范生招生签约等有关工作的通知》（教学厅〔2008〕7 号）。该通知要求做好 2008 级免费教育师范生招生和签约录取等有关工作。

2009 年

2009 年 6 月 12 日，教育部在北京师范大学、华东师范大学、东北师范大学、华中师范大学、陕西师范大学、西南大学等六所部属师范大学正式启动实施"教师教育创新平台项目计划"，并下发了《教育部关于"教师教育创新平台项目"实施工作的意见》（简称《意见》）。《意见》对"教师教育创新平台项目计划"的实施工作提出了四个要求，要求之一是"要全部用于教师教育。项目资金要全部用于教师教育的创新与发展，提高免费师范生培养质量，支持免费师范毕业生攻读教育硕士"。

2010 年

2010 年 5 月 18 日，教育部等四部委颁布《教育部 人力资源和社会保障部 中央编办 财政部关于印发〈教育部直属师范大学免费师范毕业生就业实施办法〉的通知》（教师〔2010〕2 号）（简称《实施办法》）。《实施办法》要求各地、各高校认真做好首届免费师范毕业生到中小学任教准备工作。

《实施办法》规定："省级教育行政部门要统一掌握本地区中小学教师岗位需求情况，会同机构编制部门在核定的中小学教师编制总额内，提前安排接收免费师范毕业生编制计划。各地应首先用自然减员编制指标或采取先进后出的办法安排免费师范毕业生，必要时接收地省级政府可设立专项周转编制，确保免费师范毕业生到中小学任教有编有岗。""免费师范毕业生一般回生源所在省份中小学校任教，履行国家义务。鼓励毕业生到边远贫困和民族地区任教。省级教育行政部门负责组织用人单位与免费师范毕业生进行双向选择，及时公布本省（区、市）中小学教师岗位需求信息，并组织多种形式的供需见面活动，为每一位毕业生落实好任教学校。部属师范大学要做好免费师范生毕业教育、就业指导和信息服务工作。引导师范毕业生坚定教师职业信念，立志于长期从教、终身从教。加强与各地教育行政部门和用人单位的沟通，配合做好就业工作。根据学校所在地教育行政部门统一部署，依法做好免费师范毕业生教师资格认定工作。及时将师范毕业生信息送达生源所在地省级教育行政部门。教育部全国高等学校信息咨询与就业指导中心负责部属师范大学免费师范毕业生的就业指导、信息服务和监督检查。在全国大学生就业公共服务立体化平台上及时发布各省（区、市）中小学教师岗位需求和免费师范毕业生信息。"到城镇学校工作的免费师范毕业生，由当地政府教育行政部门结合城镇教师支援农村教育工作，安排到农村学校任教服务二年。免费师范毕业生在农村学校任教服务期间仍然享受派出学校原工资福利待遇。地方政府和农村学校要为免费师范毕业生到农村任教服务提供周转住房等必要的工作生活条件。""免费师范毕业生经考核符合要求的，可录取为教育硕士研究生，在职学习，任教考核合格并通过论文答辩的，颁发硕士研究生毕业证书和教育硕士专业学位证书。免费师范生毕业前及在协议规定服务期内，一般不得报考脱产研究生。任教学校要对免费师范毕业生在职攻读教育硕士学位给予支持。""免费师范毕业生在协议规定任教服务期内，可在学校之间流动或从事教育管理工作。未能履行协议的毕业生，要按规定退还已享受的免费教育费用并缴纳违约金，已在职攻读教育硕士专业学位的，由培养学校取消学籍。确有特殊原因不能履行协议的，需报经省级教育行政部门批准。省级教育行政部门负责本行政区域内免费师范毕业生的履约管理，建立诚信档案，公布违约记录，并记入人事档案，负责管理违约退还和违约金。"

2010 年 5 月 26 日，教育部颁布了《教育部关于印发〈教育部直属师范大学免费师范毕业生在职攻读教育硕士专业学位实施办法（暂行）〉的通知》（教师〔2010〕3 号）（简称《攻读办法》）。《攻读办法》明确指出做好免费师范毕业生在职攻读教育硕士专业学位工作是建设高素质专业化教师队伍的一项重要工作。

《攻读办法》指出，"免费师范毕业生到中小学任教满一学期后，均可申请免试在职攻读教育硕士专业学位"，"免费师范毕业生攻读教育硕士专业学位采取在职学习方式，学习年限一般为2～3年，实行学分制"。"在职攻读教育硕士专业学位的免费师范毕业生，如未按《师范生免费教育协议》从事中小学教育工作，部属师范大学可以取消学籍。"

2010年11月15日，教育部颁布了《教育部关于做好2011年全国普通高等学校毕业生就业工作的通知》（教学〔2010〕11号）（简称《通知》）。《通知》对落实好高校毕业生就业工作进行了部署。

《通知》对做好免费师范毕业生的就业工作提出了要求，指出："切实做好首届免费师范毕业生的就业工作。各省级教育行政部门和部属师范大学要认真贯彻国务院和中央有关部门要求，落实部属师范大学师范生免费教育示范性举措，要在省级党委、政府统筹下，协调相关部门，优先安排免费师范毕业生就业，切实做好首批1万多名免费师范毕业生的组织招聘录用、落实岗位、离校服务等工作，确保到中小学有编有岗，体现鼓励优秀学生读师范、优秀人才当教师、有志青年长期从教的政策导向，为培养造就一大批优秀中小学教师创造条件。"

2010年11月19日，教育部部长袁贵仁在2011年全国普通高校毕业生就业工作视频会议上做了讲话，明确提出要着力做好首届1万余名免费师范毕业生的就业工作。

2011 年

2011年2月22日，教育部召开免费师范毕业生就业工作会议，教育部副部长刘利民提出首届万余名免费师范生就业"时间表"，要求各地最大限度地确保免费师范生到中小学任教，最大限度地保证签约率，鼓励有志青年到农村中小学任教。

2011年6月17日，国务院总理温家宝出席北京师范大学首届免费师范生毕业典礼并发表了重要讲话，讲话进一步指明了新时期我国教师教育改革发展方向，表明了国家对免费师范生的重视以及继续实施这一政策的决心。

讲话指出："要进一步改进免费师范生就业办法，通过建立健全分工负责、密切配合的跨部门工作机制，全面落实免费师范毕业生的编制和岗位。要支持到农村学校任教的免费师范毕业生，免试攻读在职教育硕士。要逐步在全国推广师范生免费教育政策，鼓励地方发展师范生免费教育，支持各地师范院校采取定向招生、免费培养的办法，为农村培养骨干教师。"

2011 年 6 月 24 日，教育部颁布了《教育部关于学习贯彻温家宝总理在北京师范大学首届免费师范生毕业典礼上重要讲话精神的通知》（教师〔2011〕4 号）（简称《通知》）。《通知》要求深刻领会讲话精神，全面落实讲话精神，深入贯彻讲话精神，大力宣传讲话精神。

《通知》要求：一是研究建立免费师范生录取和退出机制，加大高校自主招生力度，制定录取后经考察不适合从教的免费师范生调整到非师范专业的退出办法和愿意从教的优秀非师范生转为免费师范生的选拔办法，让真正乐教适教的优秀学生读师范。二是研究制定提高免费师范生生活补贴标准方案，制定优秀免费师范生奖励办法。三是研究制定教师教育改革创新实验区支持建设方案，建立名师给免费师范生上课制度，制定观摩名师讲课的实习安排办法，提高免费师范生培养质量。四是进一步完善免费师范生就业的政策措施，通过建立健全分工负责、密切配合的跨部门工作机制，全面落实免费师范毕业生的编制和岗位。五是进一步完善免费师范毕业生免试攻读在职教育硕士的具体办法。六是研究制定逐步在全国推广师范生免费教育工作方案和政策措施，鼓励地方发展师范生免费教育，支持各地师范院校采取定向招生、免费培养的办法，为农村培养骨干教师。

2012 年

2012 年 1 月 7 日，国务院办公厅颁布了《国务院办公厅转发教育部等部门关于完善和推进师范生免费教育意见的通知》（国办发〔2012〕2 号）（简称《完善意见》）。

《完善意见》指出："健全免费师范生录取和退出机制。适当增加部属师范大学免费师范生自主招生人数，自主招生人数不超过年度免费师范生招生计划的 10%。免费师范生、部属师范大学和生源所在地省级教育行政部门签订师范生免费教育协议，明确三方权利和义务。免费师范生承诺毕业后从事中小学教育 10 年以上。到城镇学校工作的免费师范生，应到农村义务教育学校任教服务 2 年。国家鼓励和支持免费师范毕业生长期从教、终身从教。免费师范毕业生要严格履行协议，对于违约的，按照国办发〔2007〕34 号文件有关规定处理。""进一步改进免费师范生就业办法。在省级人民政府领导下，由省级教育行政部门会同人力资源社会保障部门按照事业单位新进人员实行公开招聘制度的要求，负责组织用人学校与毕业生在需求岗位范围内进行双向选择，为每一位毕业生落实任教学校。各地应先用空缺编制、自然减员编制指标或采取先进后出的办法安排免费师范毕业生，必要时接收地省级人民政府可设立专项周转编制，确保免费师范毕业生到中小学任教有编有岗。"

2012 年 11 月 21 日，2013 年全国普通高校毕业生就业工作网络视频会议在北京召开。教育部原党组副书记、副部长杜玉波出席会议并讲话。讲话明确强调要继续做好免费师范毕业生就业、毕业生入伍预征等工作，积极拓展就业新渠道。

2013 年

2013 年 11 月 7 日，教育部办公厅颁布了《教育部办公厅关于做好 2014 届教育部直属师范大学免费师范毕业生就业工作的通知》（教师厅函〔2013〕11 号）（简称《通知》）。

《通知》包括六个方面的内容：一是及时公布岗位信息。各省级教育行政部门要会同机构编制部门在核定的中小学教师编制总额内，提前安排接收免费师范毕业生编制计划。确保免费师范毕业生到中小学校任教有编有岗。二是积极组织双选活动。积极组织双选活动。各省级教育行政部门要在寒假期间组织免费师范毕业生专场招聘活动，确保大多数免费师范毕业生落实任教学校。部属师范大学要采取"走出去，请进来"等多种方式，调动各方面力量，持续为免费师范毕业生举办优质高效的招聘活动。三是创新信息服务方式。各地教育部门、部属师范大学要充分利用现代信息技术手段，为免费师范毕业生提供科学、便捷、高效的就业服务。四是切实加强履约管理。未能履行协议的免费师范毕业生要按规定退还已享受的免费教育费用并缴纳违约金，已在职攻读教育硕士专业学位的，由培养学校取消学籍。确有特殊原因不能履行协议的，需报经各省级教育行政部门批准。各省级教育行政部门应在免费师范生毕业离校后受理违约事宜，负责建立本行政区域内免费师范生毕业生诚信档案，公布违约记录并记入人事档案。五是严格规范跨省就业。六是大力加强就业宣传。

2014 年

2014 年 11 月 17 日，教育部办公厅颁布了《教育部办公厅关于做好 2015 届教育部直属师范大学免费师范毕业生就业工作的通知》（教师厅函〔2014〕18 号）（简称《通知》）。

《通知》主要包括六个方面内容：一是及时收集公布岗位信息，二是积极组织双选活动，三是提升就业信息服务质量，四是切实加强履约管理，五是严格规范跨省就业，六是开展生动有效的就业教育。

2015 年

2015 年 7 月 14 日，教育部办公厅颁布了《教育部办公厅关于下达 2015 年免费师范毕业生在职攻读教育硕士专业学位招生计划的通知》（教发厅〔2015〕5 号）（简称《通知》）。

《通知》指出："免费师范毕业生在职攻读教育硕士专业学位研究生工作是建设高素质专业化教师队伍的一项重要任务，有关高校要严格执行招生计划，确保专项计划专门使用，不得挪作他用或超计划招生；要严格招生录取程序和办法，做到招生工作公平公正、公开透明；要科学制订培养方案，积极推进人才培养模式创新，全面提高培养质量。"

2015 年 11 月 24 日，教育部办公厅颁布了《教育部办公厅关于做好 2016 届教育部直属师范大学免费师范毕业生就业工作的通知》（教师厅函〔2015〕19 号）（简称《通知》）。

《通知》包括六方面内容：一是提升就业信息服务水平，二是加大就业岗位落实力度，三是规范办理跨省就业工作，四是严格执行履约管理办法，五是做好就业教育和政策宣传，六是建立健全协调督查机制。

2016 年

2016 年 11 月 22 日，教育部办公厅颁布了《教育部办公厅关于做好 2017

届教育部直属师范大学免费师范毕业生就业工作的通知》（教师厅〔2016〕6号）（简称《通知》）。

《通知》包括六方面的内容：一是加强就业教育工作。各地各校要充分利用传统媒体、微博、微信、客户端等新媒体，采用图表、动漫等方式，开展生动有效的政策宣传，营造支持免费师范毕业生就业的良好氛围。二是提升就业服务水平。各地各校要充分利用信息技术手段，及时公布、针对性地推送用人信息及人事招聘政策，做好免费师范生就业岗位选择与中小学教师岗位需求有效衔接。三是全部落实工作岗位。省级教育行政部门要持续组织免费师范生毕业生专场招聘活动，确保符合就业条件的免费师范毕业生全部落实任教学校。部属师范大学要采取"走出去，请进来"等多种方式，加大与省级教育行政部门协调沟通力度，持续为免费师范毕业生举办优质高效的招聘活动。四是规范跨省就业手续。各地要严格按照免费师范毕业生跨省任教条件，规范执行跨省任教审核程序和手续。生源所在地省级教育行政部门要与接收地省级教育行政部门加强沟通确认，免费师范毕业生跨省任教后，由接收省份负责管理。免费师范毕业生在服务期内申请跨省工作的，可参照教师厅〔2011〕1号文件规定，按照工作调动办理。五是严格履约违约管理。各省级教育行政部门要严格执行免费师范毕业生履约管理办法，确保免费师范毕业生严格履行师范生免费教育协议。未能履行协议的免费师范毕业生要按规定退还已享受的免费教育费用及违约金，已在职攻读教育硕士专业学位的，由培养学校取消学籍。确有特殊原因不能履行协议的，需报经生源所在地省级教育行政部门批准。六是健全督查通报机制。各地各校要加强相关职能部门协调配合，建立定期会商机制和就业工作监督机制，确保免费师范毕业生就业政策落到实处。

2017 年

2017年1月24日，教育部教师工作司颁布了《关于印发〈教育部教师工作司2017年工作要点〉的通知》（教师司函〔2017〕1号）。该通知指出："推动地方实施师范生公费定向培养，采取定向招生、进编定岗、定期服务的方式，为乡村学校培养'一专多能'的教师。"

2017年11月22日，教育部办公厅颁布了《教育部办公厅关于做好2018届教育部直属师范大学公费师范毕业生就业工作的通知》（教师厅〔2017〕11号）。

该通知包括六个方面的内容：第一，加强就业教育。各省级教育行政部门、部属师范大学要认真学习贯彻习近平新时代中国特色社会主义思想，通过组织政策解读宣讲、一线优秀校长教师报告会、优秀公费师范生谈体会等多种形式，引导动员广大公费师范毕业生树立正确的人生观、价值观和成才观，争做"四有好老师"，在工作岗位上做好学生锤炼品格、学习知识、创新思维、奉献祖国的引路人。第二，改进就业服务。第三，全部落实岗位。第四，规范跨省任教。第五，严格履约管理。第六，实行督查通报。

2018 年

2018年1月31日，中共中央、国务院公布了《关于全面深化新时代教师队伍建设改革的意见》（中发〔2018〕4号）。《意见》指出："完善教育部直属师范大学师范生公费教育政策，履约任教服务期调整为6年。"

2018年3月22日，教育部等五部门颁布了《教育部等五部门关于印发〈教师教育振兴行动计划（2018—2022年）〉的通知》（教师〔2018〕2号）。《行动计划》指出："改进完善教育部直属师范大学师范生免费教育政策，将'免费师范生'改称为'公费师范生'，履约任教服务期调整为6年。推进地方积极开展师范生公费教育工作。"

《意见》和《行动计划》的出台标志着免费师范生政策改称为公费师范生政策。

2018年8月10日，国务院办公厅颁布了《国务院办公厅关于转发教育部等部门教育部直属师范大学师范生公费教育实施办法的通知》（国办发〔2018〕75号）（简称《办法》）。

《办法》有关规定如下：第七条指出："公费师范生毕业后一般回生源所在省份中小学任教，并承诺从事中小学教育工作6年以上。到城镇学校工作的公费师范生，应到农村义务教育学校任教服务至少1年。国家鼓励公费师范生长期从教、终身从教。"第十条指出："公费师范生要严格履行协议，未按协议从事中小学教育工作的，须退还已享受的公费教育费用并缴纳违约金。

违约退缴资金由省级教育行政部门负责收缴、管理、使用，要专款专用，主要用于公费师范生人事招聘、履约管理、表彰奖励等相关工作。教育部要会同相关部门制定公费师范生履约管理具体办法等相关政策。省级教育行政部门要建立健全公费师范生履约动态跟踪管理机制，建立公费师范生诚信档案。"第十二条指出："公费师范生按协议履约任教满一学期后，可免试攻读非全日制教育硕士专业学位。"

2018年12月24日，教育部办公厅颁布了《教育部办公厅关于做好2019届教育部直属师范大学公费师范毕业生就业工作的通知》（教师厅〔2018〕8号）（简称《通知》）。

《通知》指出：第一，加强就业教育。第二，改进就业服务。第三，全部落实岗位。第四，规范跨省任教。第五，严格履约管理。第六，实行督查通报。第七，落实政策保障。各地、各有关中小学要切实制订教师引进的激励措施，完善待遇保障，吸引公费师范生回省任教、终身从教。在入编入岗、工资发放、待遇落实等方面完善保障，确保公费师范生顺利就业、安心从教。各地要将公费师范生履约任教后的在职培训纳入国培计划、省培计划，加强公费师范生新入职培训，岗位胜任能力培训，持续支持公费师范生专业发展和终身成长。要落实乡村教师生活补助、艰苦边远地区津贴优惠等政策，为公费师范生到农村任教提供办公场所、周转宿舍等必要的工作生活条件，吸引公费师范生毕业后到农村中小学任教。

2019年

2019年12月，教育部办公厅颁布了《关于做好2020届教育部直属师范大学公费师范毕业生就业工作的通知》（教师厅〔2019〕4号）（简称《通知》）。《通知》指出：第一，加强就业教育。第二，改进就业服务。第三，全部落实岗位。各省级教育行政部门要持续组织公费师范生专场招聘活动，通过优先利用空编接收等办法，保障符合就业条件的公费师范生有编有岗，严禁"有编不补"，全部落实任教学校。第四，规范跨省任教。第五，严格履约管理。各省级教育行政部门要加强公费师范生的履约管理，确保公费师范生严格履行师范生公费教育协议，除因重大疾病无法完成学业或不适合从教，经省级教育行政部门指定的二级甲等（含）以上医院按照教师资格认定体检标准检查确认后终止协议，应届公费师范生毕业前一律不得解约。公费师范生因特殊原因不能履行协议的，须经生源所在地省级教育行政部门批准，并按规定退还已享受的公费教育费用、缴纳违约金，解除师范生公费教育协议，重新改派就业；已免试攻读非全日制教育硕士专业学位的，由培养学校取消学籍。第六，实行督查通报。第七，落实政策保障。各地、各有关中小学校要切实制定教师引进的激励措施，完善待遇保障，吸引公费师范生回省任教、终身从教。在入编入岗、工资发放、待遇落实等方面完善保障，确保公费师范生顺利就业、安心从教。各地要将公费师范生履约任教后的在职培训纳入国培计划、省培计划，加强公费师范生新入职培训、岗位胜任能力培训，持续支持公费师范生专业发展和终身成长。要落实乡村教师生活补助、艰苦边远地区津贴等优惠政策，为公费师范生到农村任教提供办公场所、周转宿舍等必要的工作生活条件，吸引公费师范生毕业后到农村中小学任教。

2020 年

2020 年 3 月 5 日，教育部发布《关于应对新冠肺炎疫情做好 2020 届全国普通高等学校毕业生就业创业工作的通知》（教学〔2020〕2 号）（简称《通知》）。《通知》指出："加大高校毕业生补充教师队伍力度。各地教育部门要积极会同有关部门，通过挖潜创新、统筹调剂等多种方式加强编制配备，招录更多高校毕业生到中小学、幼儿园特别是到急需教师的高中和幼儿园任教，落实应届公费师范生全部入编入岗，补齐缺口满足发展需要。"

2020 年 7 月 31 日，教育部等六部门印发《关于加强新时代乡村教师队伍建设的意见》，该意见指出：着力提高乡村教师综合素质，激发教师奉献乡村教育的内生动力，提升乡村教师职业发展力。要求加强师德师风建设，提升思想政治素质，厚植乡村教育情怀，发挥乡村教师新乡贤示范引领作用。要求创新教师教育模式，坚持以乡村教育需求为导向，加强定向公费培养，建强面向乡村学校的师范生委托培养院校。要求加强乡村教师培训，构建各级教师发展机构、教师专业发展基地学校和"三名"工作室五级一体化乡村教师专业发展体系。要求发挥 5G、人工智能等新技术助推作用，深化师范生培养课程改革，实施中小学教师信息技术应用能力提升工程2.0，加强县域内教育资源公共服务平台建设。

2020年8月18日，教育部发布《关于做好庆祝2020年教师节有关工作的通知》，其中指出："全面落实强师政策。扎实做好特岗教师招聘、'国培计划'实施、公费师范生培养等工作，吸引更多优秀人才投身乡村教育，补上乡村教师队伍建设短板，助力打赢脱贫攻坚战。加大对师范院校支持力度，大力振兴教师教育，促进教师专业成长，从源头上培养高素质教师。推进教师评价制度改革，加强教师管理改革创新，完善教师人才工作机制，激发教师从教动力，使广大教师乐教善教、甘守讲台，为党育人、为国育才。"

2020年9月3日，教育部办公厅发布《关于做好2020年普通高等学校录取新生入学资格复查和学籍电子注册工作的通知》，该通知指出：严格招生类型标注。要严格做好强基计划、"公费师范生""免费医学生""贫困地区专项生""5＋3一体化"等学生类型的标注工作。各高校不得在新生入学报到环节更改新生录取专业并进行学籍电子注册，不得将艺术、体育类专业学生调整到普通类专业，不得将外国语中学推荐保送录取的学生调整到非外语类专业。

2020年9月4日，教育部关于印发《教育类研究生和公费师范生免试认定中小学教师资格改革实施方案》的通知。该通知对公费师范生免试认定教师资格证工作进行具体部署。

2020年9月10日，教育部关于政协十三届全国委员会第三次会议第4278号（教育类388号）提案答复的函中指出"进一步加强教师队伍建设。实施卓越幼儿园教师培养计划，积极开展学前教育师范生公费培养。支持6所教育部直属师范大学根据各省（区、市）需要，扩大学前教育专业公费师范生招生规模。支持各地学前教育专业地方公费师范生培养，目前全国28个省份实施了包含学前教育专业在内的地方公费师范生教育工作，重点为乡村地区定向培养补充教师。""继续实施教育部直属师范大学师范生公费教育政策，通过示范引领，鼓励支持各地结合实际需要，通过师范生公费教育加大学前教育教师培养力度。进一步推动各地认真落实公办园教师工资待遇保障政策，民办园参照当地公办园教师工资收入水平，切实落实保障待遇，支持学前教育高质量发展。"

2020 年 9 月 15 日，教育部关于政协十三届全国委员会第三次会议第 4359 号（教育类 402 号）提案答复的函中指出"推进师范生公费教育，多样化发展地方定向师范生培养模式，通过在学免费、到岗退费等多种形式，加强乡村小学全科教师、乡村初中'一专多能'教师定向培养，每年吸引约 4.5 万人到乡村从教"。

2020 年 9 月 24 日，教育部关于政协十三届全国委员会第三次会议第 1158 号（教育类 083 号）提案答复的函中指出"推进师范生公费教育，多样化发展地方定向师范生培养模式，通过在学免费、到岗退费等多种形式，加强乡村教师定向培养，每年吸引约 4.5 万人到乡村从教"[①]。

2020 年 9 月 24 日，教育部对十三届全国人大三次会议第 3905 号建议的答复中指出"继续实施部属师范大学师范生公费教育政策，支持各地结合实际需求推进地方公费师范生培养，扩大中职学校公费师范生教师的培养比例，为加强相对贫困地区职业教育建设提供师资保障"[②]。

2020 年 9 月 25 日，教育部对十三届全国人大三次会议第 6557 号建议的答复中指出"持续加强乡村教师队伍建设……配强配齐乡村教师队伍，实施公费师范生培养政策，2007 至 2019 年，部属师范大学累计招收公费师范生 11.5 万人，目前全国 28 个省份通过在学免费、到岗退费等方式实行地方师范生公费教育，每年有 4 万余名高校毕业生到农村特别是贫困地区中小学任教"[③]。

---

① http://www.moe.gov.cn/jyb_xxgk/xxgk_jyta/jyta_zgs/202010/t20201019_495577.html.
② http://www.moe.gov.cn/jyb_xxgk/xxgk_jyta/jyta_zcs/202010/t20201015_494771.html.
③ http://www.moe.gov.cn/jyb_xxgk/xxgk_jyta/jyta_ghs/202010/t20201015_494755.html.

东北师范大学公费师范生就业
与政策落实情况调查问卷

亲爱的学长/学姐：

你好！金风送爽时节，你又将重返母校开始紧张而有意义的学习生活了。为了全面了解公费师范生的就业状况，为公费师范生政策的修改与制订提供参考，我们利用你回校暑假学习期间做此调查，希望得到你的支持和帮助。本卷采取匿名制，请你务必根据自己的实际情况填写。

A 第一部分：基本情况

A1. 你的性别：（　　　）

1. 男　　　　　　　　2. 女

A2. 你本科时所在学院：（　　　）

1. 文学院	2. 历史文化学院	3. 外国语学院
4. 物理学院	5. 数学与统计学院	6. 化学学院
7. 生命科学学院	8. 城市与环境科学学院	9. 马克思主义学部
10. 教育学部	11. 体育学院	12. 美术学院
13. 音乐学院	14. 政法学院	15. 计算机学院
16. 软件学院	17. 传媒学院	18. 商学院

19. 经济学院　　　20. 其他_____

A3. 你的生源地属于：（　　）

1. 城市　　　　　　2. 乡镇　　　　　　3. 农村

A4. 你的生源地省份：_____

B 第二部分：公费师范生政策落实情况

B1. 你的签约工作地属于：（　　）

1. 城市　　　　　　2. 乡镇　　　　　　3. 农村

B2. 你的签约省份：_____

B3. 你签约的途径是：（　　）

1. 通过学校组织的校园招聘

2. 通过生源地统一组织的双选会

3. 自己主动联系单位，上门应聘

4. 通过亲戚关系

5. 其他_____

B4. （多选）选择就业的学校时你考虑的主要因素是：_____

1. 学校能否按照要求落实事业单位人事编制

2. 任教的学段（小学、初中、高中）

3. 学校的知名度、规模和实力

4. 教师的待遇

5. 学校所在地区的综合情况

6. 个人未来发展的空间

7. 其他_____

B5. 你对以下部门工作的满意程度排序：____＞____＞____＞____

1. 我校就业指导中心提供的就业服务

2. 生源地省份落实公费师范生政策的总体情况

3. 生源地省份提供给公费师范生的就业岗位

4. 签约的市、区教育局落实公费师范生的情况

B6.　你是否按照公费师范生政策的规定先到农村任教2年？（　　）

1.　是　　　　　　　　2.　否

B7.　你的工作单位是否落实事业单位人事编制？（　　）

1.　是　　　　　　　　2.　否

B8.　你所在学校是否为你提供住房？（　　）

1.　是　　　　　　　　2.　否

B9.　你的工资是否符合签约时的承诺？（　　）

1.　是　　　　　　　　2.　否

B10.　公费师范生政策规定：承诺毕业后从事中小学教育10年以上，你是否赞同？（　　）

1.　极不赞同　　　　2.　较不赞同　　　　　　3.　说不清

4.　较为赞同　　　　5.　极为赞同

B11.　公费师范生政策规定：到城镇学校工作应先到农村任教2年，你是否赞同？（　　）

1.　极不赞同　　　　2.　较不赞同　　　　　　3.　说不清

4.　较为赞同　　　　5.　极为赞同

B12.　公费师范生政策规定：一般回生源所在省份中小学任教，你是否赞同？（　　）

1.　极不赞同　　　　2.　较不赞同　　　　　　3.　说不清

4.　较为赞同　　　　5.　极为赞同

B13.　公费师范生政策规定：在规定期限一般不得报考脱产研究生，你是否赞同？（　　）

1.　极不赞同　　　　2.　较不赞同　　　　　　3.　说不清

4.　较为赞同　　　　5.　极为赞同

B14.　政策规定，从事中小学教育最低年限为10年，你认为多少年更合适？（　　）

1.　4年以内　　　　2.　4～6年　　　　　　　3.　6～8年

4.　8～10年　　　　5.　10～15年

B15. 公费师范政策明确了就业去向，你认为这是否有利于学生在校期间的学习？（   ）

1. 非常有利于　　　　2. 比较有利于　　　　　　3. 没有影响

4. 不太有利于　　　　5. 非常不利于

B16. 你在 10 年服务期满之后的选择是：（   ）

1. 继续从事教育事业（从第三部分作答）

2. 从事其他行业（从 B17 题作答）

3. 到时候再说（从第三部分作答）

B17. 10 年服务期满后，你想从事其他行业的原因是：（   ）

1. 想尝试其他类型的工作

2. 想去其他城市工作

3. 教师收入偏低

4. 家人的因素

5. 想继续求学

6. 其他_____

C 第三部分：教学情况

C1. 你所任教的学校属于：（   ）

1. 国家级示范学校

2. 省级示范学校

3. 市重点学校

4. 县重点学校

5. 普通学校

6. 私立学校

7. 其他

C2. 你所任教的学段属于：（   ）

1. 小学　　　　　　2. 初中　　　　　　3. 高中

4. 其他_____

C3. 你现在从事什么工作？（　　　）

1. 教学＋管理（从 C4 题答题）

2. 管理（从第四部分作答）

C4. 你的任课科目是否与本科所学专业一致？

1. 是　　　　　　　2. 否

C5. 你任教几门科目？

1. 1 门　　　　　　　2. 2 门　　　　　　　　　3. 3 门

4. 3 门以上

C6.（可多选）你担任哪几门科目的老师？（　　　）

1. 语文　　　　　　2. 数学　　　　　　　　3. 英语

4. 自然　　　　　　5. 化学　　　　　　　　6. 生物

7. 政治　　　　　　8. 历史　　　　　　　　9. 地理

10. 体育　　　　　11. 音乐

C7. 你一周平均几节课？

1. 1～5 节　　　　　2. 6～10 节　　　　　　3. 11～15 节

4. 15 节以上

C8. 你是否担任班主任的职务？

1. 是　　　　　　　2. 否

C9. 你任教几个班级？

1. 1 个　　　　　2. 2 个　　　　3. 3 个　　　　　4. 3 个以上

C10. 你认为在任教时的专业知识的主要来源依次是：＿＿＿＞＿＿＿＞＿＿＿
＞＿＿＿＞＿＿＿＞＿＿＿

1. 本科所学知识

2. 职后培训教育

3. 教学观摩

4. 同事交流

5. 学生时的经历

6. 阅读专业书籍

C11. 你认为影响教师教学能力的因素依次是：___＞___＞___＞___＞___

1. 熟悉教材、把握重点难点

2. 确定教学目标、制定课堂内容

3. 课堂上的讲解能力

4. 多媒体的运用

5. 专业水平

C12. （多选）你认为当前公费师范生，哪些基础能力的培养至关重要？
_____

1. 思想政治教育能力

2. 板书书写能力

3. 专业知识能力

4. 口语表达能力

5. 肢体表达能力

6. 运用多媒体教学能力

7. 组织管理能力

8. 其他_____

C13. （多选）你认为对于公费师范生培养，哪些综合能力和素质的培养至关重要？

1. 思想素质	2. 人文素质	3. 身体素质
4. 学科素质	5. 实践能力	6. 创新能力
7. 敬业精神	8. 人际交往能力	9. 组织管理能力
10. 团队合作精神	11. 其他_____	

C14. （多选）当前公费师范生在职攻读教育硕士的政策对你个人而言存在的困难是：（　　）

1. 学习时间难以保证

2. 学习质量难以保证

3. 课程安排不够合理

4. 学习费用较高

5. 学习压力较大

6. 学习与工作难以协调

7. 其他_____

C15.（按重要程度多选）你希望学校在你在职攻读教育硕士期间提供哪些方面的支持：____＞____＞____＞____＞____

1. 专业理论方面　2. 教技教法方面　3. 论文指导方面　4. 管理能力方面　5. 其他_____

C16.（按重要程度多选）你希望在论文撰写方面老师提供哪些指导：____＞____＞____＞____

1. 论文方向　2. 论文题目　3. 论文框架　4. 其他_____

D 第四部分：开放问题

D1. 你认为公费师范生政策有哪些需要改进的地方？

D2. 你认为公费师范生在大学期间应该加强哪些方面知识的学习？

D3. 你认为公费师范生在大学期间应该提升哪些能力？

D4. 公费师范生在职攻读教育硕士期间对培养学校、用人单位、政府部门等有何建议？

附录 3
东北师范大学公费师范生
教育硕士访谈提纲

一、报考公费师范生初衷动机情况

1. 你报考公费师范生的动机是什么？

2. 你当老师的初衷是什么？

3. 你报考公费师范生听从了谁的意见？

二、工作后是否有使命感？

1. 如果再给你一次机会你会选择报考公费师范生吗？

2. 报考志愿之前你是否对公费师范政策有足够的了解？

3. 你是否因经济原因而选择报考公费师范生？

4. 大学阶段你是否规划过自己的职业生涯？

三、公费师范政策落实与就业情况

1. 没有落实编制的原因是什么？

2. 边远贫困和民族地区是否有教师缺失的情况？

3. 你是否愿意回生源地农村任教？

4. 到城镇工作的公费师范生未去农村任教服务两年的原因？

5. 到农村任教两年是否有利于提高农村基础教育水平？

6. 十年后你想从事什么行业？

7. 公费师范生政策是否减少了大家的学习动力？

8. 你对今后的公费师范生有哪些意见与建议？

9. 你上学时是否因自己是公费师范生（男生）而学习懈怠？

四、对政府、学校和用人单位的建议

1. 学校就业部门有哪些地方需要改进？

2. 学校教授的课程对工作是否有很大帮助？

3. 学校师范生课程可以做出哪些调整？

4. 学校可以增加哪些方面的培训来提高学生的职业技能？

5. 学校选修课与通识课对大家的工作是否有帮助？

6. 党员在工作中是否有优势？

五、硕士学习阶段的困难与建议

1. 硕士阶段有哪些现实困难？

2. 研究生学习和你的工作是否冲突，冲突是哪些？

3. 你希望硕士阶段的考核方式是什么？

4. 公费师范生是否需要脱产读研两年？

5. 你希望硕士阶段老师能提供哪些指导？

后　记

　　历时近 9 年时间，这部著作即将交付出版，我的心情很复杂，自己理了一下。

　　首先，开展此项研究还是源于对自身所从事学生工作的定位——时刻践行"把学生工作当作一门学问来做"的理念。我的研究源于工作实践，转化的理论成果也用于指导我的工作实践。基于此，我从 2011 年首届公费师范生毕业开始着手规划对公费师范生就业状况与就业政策执行情况的追踪研究。于是我结合学校组织的一年一度的就业市场走访，与各省教育厅、各市教育局、基础教育单位和校友们进行了深入的交流与访谈，在前期形成工作报告与访谈总结的基础上，以国家颁布的公费师范生系列政策性文件为依据，我带领我的团队进行了问卷编制、实证调研、数据分析、课题论证、成果转化等工作。经过近 5 年时间的前期准备、经验积累与成果转化，我于 2016 年 7 月 22 日成功申报获立了"全国教育科学规划教育部重点课题（DIA160330）：部属师范大学免费师范生就业政策执行状况追踪研究"。这一科研项目的获立让我深深体会到做研究前期积累的重要性，也让我对《礼记·中庸》中提到的"凡事预则立，不预则废"有了更深刻的理解。鉴于前期的扎实积累，我用了不到 3 年的时间就顺利完成了预定课题任务并于 2019 年 1 月 25 日成功结项。至此，本以为自己已完成了任务，但历时 8 年的工作研究就这样以项目终结而结束，自感好像没有完成任务。就在这时，学校党委学生工作部鼓励大家出版工作研究成果，于是我萌发了把从事多年的这项研究撰写形成一本书的想法，虽然没有任何准备，但已有的调研报告和论文成果给了我很大信心，加之自党的十八大以来，习近平总书记提出了诸多关于"教育公平、教育扶贫、立德树人"等重要教育论述与国家战略举措，这些方面都赋予了"公费师范生政策"新的时代内涵与重要价值。我想本书的撰写与出版将是我对这项工作与课题研究最好的一个交代。同时，以此书稿调研报告为基础，我于2020年12月、2021年1月和2021年5月先后又获立校级科研项目1个、省级科研项目2个。其中，两个省级项目分别为：2021年度吉林省社会科学基金重点项目：吉林省高校就业创业课程思政建设研究（项目编号：2021A9），2021年度吉林省教育厅科学研究项目："课程思政"背景下高校就业创业课程建设研究（项目编号：JJKH20211341JY）。书稿即将完成，鉴于能力与水平有限，在本书撰写过程中虽有诸多不足与未尽事宜，但我心亦安然。

其次，我想借本书出版这个契机，表达深深的感恩之情。一是感恩学校党委十余年的培育之情。几届党委、学工部领导高瞻远瞩、顶层谋划，先后通过十余年的科研培育、创立思想政治教育研究中心、学工系统职称评聘制度等系列体制机制举措，为东北师范大学学工人的职业发展与科研工作铺路搭桥，创造了一切可能条件。正是这一切，助我有期待、有目标、有梦想地向前，坚实走好每一步。工作17余年，沐浴着学校党委的关怀，自感今天所取得的一切点滴成绩，皆源于母校的培育、党委的关怀和学工领导的指导。在这里，不由地让我想起宋代朱熹的七绝诗《观书有感》中的诗句"问渠那得清如许？为有源头活水来"。诗句意思是：你问我这里的渠水为什么这么清澈，是因为源头之水是流动的。也就是说，他为什么会有那么丰厚的知识，是因为他读了很多的书。这是一首有哲理性的小诗，人们在读后，时常有一种豁然开朗的感觉，这首诗以象征的手法，将这种内心感觉化作可以感触的具体形象加以描绘，让读者自己去领略其中的奥妙。所谓"源头活水"，当指从书中不断汲取新的知识。今天，东北师范大学学工人发展的"源头活水"就是一代代东北师范大学学工领导"顶层设计与预设精彩"的格局，就是一批批学工人"研究性学习、创造性投入、效益性产出"的践行，就是一个个学工人"把学生工作当作一门学问来做"的坚持与"共情、坐忘、安在""满溢着爱的情感"的坚守。搁笔之际，感谢的话难以表达我的心境，唯有饱含一颗感恩之心努力工作，用实际行动来回报学校党委和学工领导们对我的培育与关怀。未来我要努力践行"信念坚实、专业扎实、作风踏实、为人朴实"的"四实"品格，时刻以有理想信念、有道德情操、有扎实学识、有仁爱之心的"四有"好老师的标准严格要求自己，坚守立德树人初心，承担为党育人、为国育才的责任与使命，为我们祖国的教育事业贡献自己的绵薄之力。

二是对我的团队、我的辅导员、我的学生们，还有我的家人们，表示深深的谢意，正是因为有这样一群可爱的人支持着我，我才能一直将这项研究坚定地做下去。

图书在版编目（CIP）数据

公费师范生就业政策执行研究：以一所部属师范大学六年毕业生追踪为例 / 商应美著. --北京：中国人民大学出版社，2022.8
（思想政治教育实践研究新探索丛书 / 杨晓慧，刘志主编）
ISBN 978-7-300-30894-4

Ⅰ.①公… Ⅱ.①商… Ⅲ.①师范大学-毕业生-就业政策-研究-中国 Ⅳ.①G657.38

中国版本图书馆 CIP 数据核字（2022）第 139222 号

思想政治教育实践研究新探索丛书
主编　杨晓慧　刘志
公费师范生就业政策执行研究
以一所部属师范大学六年毕业生追踪为例
商应美　著
Gongfei Shifansheng Jiuye Zhengce Zhixing Yanjiu

出版发行	中国人民大学出版社				
社　　址	北京中关村大街 31 号		**邮政编码**	100080	
电　　话	010 - 62511242（总编室）		010 - 62511770（质管部）		
	010 - 82501766（邮购部）		010 - 62514148（门市部）		
	010 - 62515195（发行公司）		010 - 62515275（盗版举报）		
网　　址	http://www.crup.com.cn				
经　　销	新华书店				
印　　刷	唐山玺诚印务有限公司				
规　　格	165 mm×230 mm　16 开本		**版　　次**	2022 年 8 月第 1 版	
印　　张	10.25 插页 1		**印　　次**	2022 年 8 月第 1 次印刷	
字　　数	146 000		**定　　价**	58.00 元	